MINHAS DUAS SUPERVISÕES COM ANDRÉ GREEN

Blucher

MINHAS DUAS SUPERVISÕES COM ANDRÉ GREEN

A clínica psicanalítica em debate

Héctor Alberto Krakov

Título original: *Mis dos supervisiones con André Green: la clínica psicoanalítica en debate*, editado por Natalia Monsegur
Minhas duas supervisões com André Green: a clínica psicanalítica em debate

Edição brasileira traduzida do espanhol supervisionada pelo autor.

Publisher Edgard Blücher
Editor Eduardo Blücher
Coordenação editorial Jonatas Eliakim
Preparação de texto Diego Rodrigues da Silva
Diagramação Joyce Gama Rosa
Capa Leandro Cunha

Blucher

Rua Pedroso Alvarenga, 1245, 4º andar
04531-934 – São Paulo – SP – Brasil
Tel.: 55 11 3078-5366
contato@blucher.com.br
www.blucher.com.br

Segundo o Novo Acordo Ortográfico, conforme 6. ed. do *Vocabulário Ortográfico da Língua Portuguesa*, Academia Brasileira de Letras, junho de 2021.

Dados Internacionais de Catalogação na Publicação (CIP)
Angélica Ilacqua CRB-8/7057

Krakov, Héctor Alberto
Minhas duas supervisões com André Green : a clínica psicanalítica em debate / Héctor Alberto Krakov. -- 2. ed. -- São Paulo : Blucher, 2022.
152 p.

Bibliografia
ISBN 978-65-5506-505-3 (impresso)
ISBN 978-65-5506-501-5 (eletrônico)

1 Psicologia clínica 2. Psicanálise 3. Green, André -1927-2012 I. Título

22-1864 CDD 150

Índice para catálogo sistemático:
1. Psicologia clínica

Conteúdo

Introdução

Neste livro proponho abrir um debate sobre a eficácia clínica da psicanálise; temática que venho trabalhando nas últimas duas décadas. Quero salientar, especialmente, a edição do meu livro intitulado *De que se trata? Uma resposta possível* (KRAKOV, 2018)[1].

Como afirmo nessa publicação, tenho convicção de ter dado um passo inaugural orientado a gerir uma psicanálise eficaz nos pacientes que analisamos. Essas propostas, que constituem meu atual quadro conceitual, também serão incluídas neste livro.

Na primeira parte o leitor terá a possibilidade de entrar em contato com o pensamento de André Green, a partir da apresentação da supervisão completa de dois pacientes que lhe apresentei em Buenos Aires, em um contexto institucional.

Este material dos anos 1994 e 1996, respectivamente, possibilita um olhar retrospectivo sobre como era pensada a psicanálise clínica nesse momento por um analista da envergadura de André Green.

Na segunda parte do libro, minha intenção foi estabelecer um diálogo entre as duas supervisões sob a perspectiva técnica que utilizo atualmente, daí o título *A clínica psicanalítica em debate*.

1 Trabalho publicado pela Waldhuter editores (2018).

Esta secção é composta por quatro segmentos: 1) Estudo sobre o conceito de *Agieren*. 2) O sujeito inconsciente na clínica psicanalítica; 3) Quem trabalha é a psicanálise? y 4) Fazer consciente o inconsciente 50 anos depois.

Desejo que o leitor disfrute a leitura deste livro, tanto quanto eu ao escrevê-lo.

Buenos Aires, maio de 2020.

PRIMEIRA PARTE

Primeira supervisão do Dr. André Green apresentação do material clínico da Sra. M., Buenos Aires, 1994

Apresentação da paciente

A Sra. M. me consultou inicialmente em agosto de 1992. Há 4 anos estava em tratamento com um analista de orientação lacaniana, por quem sentia gratidão, pois, como uma conquista desse tratamento, tinha conseguido sair da casa acompanhada de um motorista e com um telefone celular. Até então, ela ficava totalmente impedida por uma intensa agorafobia que padecia desde muitos anos. No entanto, fazia esta consulta comigo porque queria mudar de analista, depois de que ele lhe afirmou que ela teria de conviver com esses sintomas. Desanimada, ela tinha voltado a entrevistar seu antigo analista, quem a tratara durante 8 anos, e com quem continuava mentalmente ligada. O colega que me indicou tinha decidido não aceitá-la novamente em tratamento para lhe oferecer a oportunidade de ter uma experiência diferente com outro profissional. Com ele, a paciente tinha desenvolvido um permanente apaixonamento transferencial, o que resultou no motivo da interrupção dessa análise. Uma amiga dela, psicóloga, influenciara na interrupção daquele tratamento e sua posterior derivação para o segundo analista, afirmando-lhe que no apaixonamento transferencial "com certeza estava incluído o desejo do seu analista".

No final dessa primeira entrevista, combinamos que ela voltaria a telefonar caso deixasse o seu atual tratamento. Dez dias depois, contatou-me solicitando que a atendesse junto com o marido porque ele queria me conhecer.

Tive uma entrevista com ambos, e mais duas com a Sra. M. Por último, e novamente, uma outra com os dois para fazer uma devolutiva.

A Sra. M. tinha 38 anos. Há 4 anos era casada com Marcelo, de 42. Junto com eles morava Luciana, de 7 anos, filha do primeiro matrimônio de Marcelo. Ambos foram casados anteriormente. A Sra. M. teve um casamento conflituoso que durou 5 anos. Uma vez desquitada entrou novamente em contato com Marcelo, a quem conhecia da faculdade, iniciando um relacionamento de amantes. Após a separação de Marcelo, começaram o convívio junto com Luciana.

As razões que faziam com que a Sra. M. quisesse continuar um tratamento tinham a ver com seus medos e caprichos irracionais. Ela tinha que estar em casa sempre acompanhada de alguém, e só saía para a rua com o motorista e um telefone celular. Seus sintomas lhe lembrava o feitio do seu pai, quem nesse momento era uma pessoa idosa e muito doente.

Além disso, ela não conseguia engravidar e sua ansiedade aumentava por se encontrar no limite da idade fértil.

Iniciamos um tratamento de quatro sessões semanais. Esporadicamente incluímos uma quinta sessão, por pedido dela.

Desde o começo me encontrei lidando com uma paciente verbalmente incontinente que pedia sistematicamente ir no banheiro ao finalizar, e às vezes na metade de uma sessão. Desafiadora e lúcida, a Sra. M. costumava exercer sobre mim um controle onipotente, revertendo o sentido de cada interpretação. Utilizava sua enorme experiência analítica para anular suas possibilidades de *insight* e criava nas sessões um clima maníaco que em várias ocasiões me contagiava. Considerei como prognóstico favorável que meu interesse pelo tratamento nunca declinasse.

A respeito do diagnóstico

a) A Sr. M. tinha uma problemática de filiação histérica, tanto pela agorafobia-claustrofobia como pelo apaixonamento transferencial com seu primeiro analista. Sua sintomatologia permitia pensá-la como uma paciente histérica grave ou pelo menos padecendo de uma doença de consideração, pelo apego a objetos com os que conseguia deambular. Tinha um grande empobrecimento pessoal, consequência da restrição gerada pela doença. Nunca conseguiu exercer uma primeira profissão e atualmente estava estudando psicologia.

b) Era condição inexcusável, para que conseguisse ficar tranquila, a presença de alguém com ela, tanto na casa [a faxineira ou o marido] ou na rua [com o telefone ou o motorista]. Havia montado um estrito sistema contra a ansiedade que completava com a ingestão de medicação ansiolítica e antidepressiva prescrita por um psiquiatra.

c) Outra sintomatologia vigente era uma profunda depressão, evidenciada tanto em sua atitude física quanto em sua vestimenta.

Sendo uma mulher de traços físicos agradáveis, vestia-se de cor preta, mostrava-se encurvada, matinha sua longa cabeleira despenteada, não se maquiava e deixava cheiro de cigarro por onde pasava, pois era fumante compulsiva.

d) O elemento diagnóstico significativo era o tema da ansiedade. Nesse sentido, considerava-a uma paciente com uma patologia borderline, padecendo uma ansiedade desorganizadora que, segundo as escolas teóricas, poderia ser entendida como ansiedade psicótica ou talvez como a passagem de *angústia sinal para angústia automática*. Os efeitos da tolerância/intolerância à ansiedade impactavam, tanto em sua mente como no seu corpo. No mental começava a -ser gerado um aumento de ideias sobre a sensação de que iria passar mal, iria sentir vertigens e até desmaiar. Assim, não aguentava mais e precisava sair correndo para a casa!

Por esse motivo não conseguia dirigir o carro. Se ficava detida em um sinal que demorava muito, começava a passar mal e tinha que abandonar o carro em que estivesse; outra pessoa tinha que estacionar o veículo ou então levá-lo de volta. O mesmo acontecia no supermercado: na fila para pagar, se o caixa fosse lento, ela podia deixar o carrinho das compras e sair correndo para sua casa.

Ela também receava ter um ataque de vertigem que a deixasse imobilizada no chão. Pensava que podia ser um ataque de epilepsia, tornar-se um bebê ou em uma vegetal. Não saberia quem era, nem onde morava, nem como chegar na sua casa. O motorista, como acompanhante, tinha a função de saber disso. Uma outra metáfora de sua indisposição era que, nesses momentos, ela se sentia como um carro que perdia partes da sua carroçaria ou uma marionete de cordéis frouxos.

O impacto dessas ideias no corpo gerava a convicção de que iria ficar indisposta. Sentia que sua pressão baixava, começava a ter taquicardia, alterações na temperatura corporal e suas mãos ficavam frias, embora experimentasse uma sensação de sufocamento interno.

Seu padecimento me evocava a sintomatologia de outro paciente, quem fora diagnosticado com um quadro de "ataques de pânico", rótulo muito publicitado na mídia.

e) O meu objetivo terapêutico com a Sra. M. estava inicialmente dirigido ao tema da ansiedade e seu mínimo limiar de tolerância. Seria guiado pelo desdobramento transferencial de suas dificuldades para tolerar o processo de pensamento (processos psíquicos secundários mediados pelo eu inibidor, em termos do texto *Projeto de uma psicologia científica* de Freud (1950/1895/1992) vs. as condutas quase reflexas [processos psíquicos primários).

Supervisão clínica: apresentação

Após a apresentação da paciente, transcrevo a seguir o meu diálogo com o Dr. Green e sua exposição:

AG: Poderia oferecer mais detalhes sobre o motivo que fez com que achasse tão interessante esta paciente. E o que lhe fez sentir para, apesar das dificuldades que apresentava, nunca perder o interesse por ela. O senhor já disse que esta paciente representava um desafio. Se conseguisse entrar mais um pouco no detalhe daquilo que os outros chamam de contratransferência, ficaria muito contente de escutá-lo.

HK: Tinha a impressão de que esta paciente era daquelas que um analista tem uma ou duas vezes na vida profissional.

AG: O senhor é otimista.

HK: Nunca tivera uma paciente que para poder sair tivesse que estar apegada a um motorista ou a um telefone celular. Uma paciente que já teve uma análise prolongada com um colega e que tinha desenvolvido um forte apaixonamento transferencial. Que tivesse mudado de terapeuta e abordagem terapêutica e, no entanto, os sintomas pareciam resistir. Tudo isso me parecia um desafio pessoal e um desafio ao método analítico.

AG: O senhor já comentara isso. Esperava algo mais.

HK: Estes comentários são sobre as entrevistas de admissão. Não sei se o que o Dr. espera são minhas reações contratransferenciais do tratamento.

AG: Convém ser coerente consigo mesmo. É o tipo de paciente que temos a sorte de encontrar apenas por uma vez na vida. Se o senhor afirmar isso, quer dizer que essa sensação lhe resultou muito forte. Quer dizer que o senhor espera um encontro decisivo, e se pensar que isso acontece apenas uma vez na vida quer dizer que esta paciente movimenta os alicerces da sua identidade analítica. Por isso pergunto, *a posteriori*, sobre que elemento fica sustentada uma impressão como a sua com uma paciente assim, considerando como regra que ela fez duas experiências analíticas prévias que resultaram um fracasso. Se o senhor teve a impressão de conseguir aprofundar no caso, pensa, a *priori*, que tem a possibilidade de gerar um entendimento além daquilo que os outros analistas entenderam. Peço-lhe que faça um esforço para esclarecer os sentimentos que nos comunicou, que acho muito importantes. Não digo que seja fácil.

HK: Suponho que tem a ver com uma maneira de pensar a psicanálise.

AG: Pois é.

HK: Eu pensava tratar esta paciente a partir o ponto de vista da fisiologia mental. Com isto quero dizer, não analisar as histórias que a paciente contar, porque disso ela tinha uma enorme quantidade de informação. De fato, no diagnóstico inicial a paciente parecia de filiação histérica, com quadros agorafóbicos e claustrofóbicos, e inclusive com o apaixonamento transferencial com o primeiro analista. Achava que o problema inicial, que eu observava nela, era de que modo tramitar a ansiedade; com que aparelho mental.

AG: Percebo, mas tenho uma pequena observação sobre a qual voltarei mais à frente. O que me pergunto é: como o senhor imagina esse aparelho mental?

HK: Acho que a paciente tem uma característica que às vezes não percebemos em outros tipos de paciente menos graves. Faço referência a um tipo particular de dissociação, com duas formas de funcionamento mental simultâneas. Uma, que poderíamos chamar de "discurso oficial ou a forma oficial", que em terminologia do *Projeto* chamaríamos de processos psíquicos secundários; que têm a ver com o desenvolvimento do ego e do pensamento. E outra, que tem a ver com o funcionamento psíquico primário, mais próxima de um funcionamento do tipo reflexo. Portanto, onde não há uma inibição do ego, de desenvolvimento de pensamento verbal. Onde o paciente recorre ao impacto sobre o corpo ou, como neste caso, ao aferramento ansioso sobre os objetos da vida circundante.

AG: Acho que respondeu minha pregunta. Simplesmente a observação que faço é o sentimento que tem de colocar completamente de lado a história. Diria que considerando os dois tipos de funcionamentos que o senhor descreveu do *Projeto* pode fazer a mesma distinção com a história. Ou seja, que tem de observar nesse ponto o equivalente sobre o plano da temporalidade disso que descreveu vindo em substituição do processo primário e em superposição com mecanismos corporais sobre algo que aparenta ser processo primário.

HK: Não faço referência ao processo primário como Lei de funcionamento do inconsciente.

AG: Eu também não. O senhor diz que há uma espécie de subversão do processo primário, que em vez de traduzir algo da organização do inconsciente não resultam esclarecidos mais que por um conjunto de mecanismos onde o psiquismo não está diferenciado de uma corporalidade. Que, portanto, há uma aparência de psiquismo; e a necessidade de lançar mão das explicações, que são convincentes, de introduzir esta dimensão corporal.

O mesmo pode ser afirmado em relação à temporalidade. Podemos dizer que existe uma temporalidade psicanalítica com noções como o *aprés-coup*, a ausência da temporalidade no inconsciente, todas as coisas que resultam familiares na construção do aparelho psíquico. Neste caso não funciona assim, há uma outra historicidade por descobrir.

Portanto, o que o senhor descreveu, utilizando o conceito de Bion da reversão da perspectiva e a espacialidade psíquica, tem que ter um equivalente do ponto de vista temporal. Peço desculpas porque queria escutar a sessão, mas é importante que certas coisas fiquem esclarecidas desde o início. Qual seria o sentido de voltar ao primeiro analista? Para mim fica evidente que o retorno ao primeiro analista vem do juízo que aportou o segundo, o analista lacaniano. "Fique assim, conforme-se com aquilo que a senhora é e guarde seus sintomas". A contradição é total porque o psicanalista lacaniano interpreta isto como um fato, uma resistência, e insiste com que ela se conforme com o que tem, com aquela forma de pensar. Se ela rejeitar isso que lhe dizem, que fique como está, não é porque ela não queira resignar-se a guardar seus sintomas, mas porque ela não aceita resignar-se a que seus sintomas não consigam sair da onipotência que ela procura. O sintoma tem que ser abordado na mente dela, na medida em que o sintoma não realiza, não concreta, aquilo que ela espera do sintoma. Nesse sentido, digo-lhes que é a estratégia lacaniana geral. Eles explicam que são mais expertos que nós, explicam-nos que é a presença do desejo do analista que bloqueia a situação. E quando dizemos "pronto, embora", não fica mais ninguém. Quer dizer que o progresso realizado pelo analista lacaniano é que ela compreendeu que podia sair dessa situação com um motorista e um telefone celular. Neste sentido, de fato, o analista lacaniano operou no sentido geral da estrutura desta paciente, favorecendo a onipotência. Se houver fobia há desejo de evitar algum perigo. Há desejo de limitar a angústia.

Nesse ponto é onde o nosso colega viu perfeitamente a situação de que esta fobia não se parece em nada com a verdadeira fobia.

Poderíamos pensar nesta fobia por uma perspectiva moderna, em relação com o que foi descrito como fobia pré-genital; mal diferenciada, com angústia difusa. Penso que o nosso colega compreendeu muito bem que não se tratava disso, que o que caracterizava esta paciente em relação com aquele pânico geral era uma tentativa de mecanização da psique e a redução, em tudo o que for possível, a uma situação na qual seu mundo interior apareça inerte. Quer dizer que, de fato, podemos considerar que houve uma tentativa fracassada de organizá-lo obsessivamente. E que ela estava sentindo o retorno do recalcado inconsciente como caprichos irracionais que ela não compreende, mas sente que por trás deles há uma conotação tirânica. A recordação deixada pelo pai, em relação com este aspecto tirânico, deixaria pensar que o sentido é prosseguir com a proibição paterna.

Se apenas fosse isso, dois aspectos do material não ficariam explicados. Em particular, o fato de que ela utilizasse, o que lhe foi oferecido, dizendo "é algo que não vai pelo desejo do analista", razão pela que ela mudou de analista. Se bem que a fase erotomaníaca com o primeiro analista mostra que já estava aí. Ou seja, que a situação da transferência é imediatamente devolvida como transferência do analista: "é o analista que tem medo de amá-la". Então isto se interpreta como controle onipotente. Não é inexato. Somente vemos que nesta fobia o sintoma principal é seu receio a ser deixada em solidão. Isto é, de fato, que para ela ficar totalmente livre e exposta às pulsões toma a forma de dizer "loucos". Nesse momento a identificação tirânica com o pai parece insuficiente para explicar o quadro. Então, que temos a sensação de que há algo mais, que toca a relação com o objeto de um caráter incontrolável e muito provavelmente devastado. O sintoma mais interessante resulta no fato de que ela não pode engravidar e isso a coloca numa destrutividade, como se ela matasse todos os bebês que vêm no seu ventre. Nesse ponto é onde pensamos que sob a identificação tirânica com o pai existe algo vinculado com a relação com a mãe; que a conduz a uma identificação com o agressor destrutor da mãe.

Quero insistir com a ideia de que, desde o ponto de vista do tempo, sempre há uma espécie de recuperação mágica. Isto é, ela conhece alguém, depois cada um se casa. Depois ela volta a encontrar o objeto primitivo que deixa sua mulher, e ela se casa novamente. A seguir estão suas dificuldades para engravidar, como se ela matasse os bebês na sua barriga. Isto fica mencionado aqui, apenas para expor algumas questões, a fim de explicar por que esta paciente solicita com tanta intensidade o interesse do seu analista. Provavelmente ele tem a impressão de uma maquinaria extremamente sofisticada e destrutiva, mas onde existe um chamamento para fazer algo.

HK: Tenho feitos alguns apontamentos e tenho um sonho que o senhor tem traduzido. Depois de que esta paciente comentasse o sonho em sessão, com certa pressa fui à procura de uma supervisão. Quando o senhor ler o material, imaginará o porquê.

Foi sonhado após 5 ou 6 meses de iniciado o tratamento, depois do óbito do pai.

Sonho: Ela e seus pais estavam em um centro comercial. O pai se encontrava detrás dela, velhinho e fraco com o pênis dentro do seu ânus e a mãe como em off olhando-os de lado. De súbito ela nota que o pai defecou pelo pênis dentro do seu corpo. Sente muito nojo e tenta achar um banheiro para evacuar a matéria fecal que o pai lhe enfiara dentro. No sonho ela tinha a impressão de que lhe dava vida ao pai. Como se estivesse "ligado" nela como em uma pilha.

AG: A culpa não é minha. A máquina sofisticada está aí.

HK: Queria acrescentar a ideia que eu tinha a respeito de por que ela não tinha filhos, antes deste sonho. Tinha a impressão de que a paciente não possuía um espaço interno para ter bebês. Não desconsiderava a possibilidade da existência de uma máquina assassina, como recém dizia o Dr. Mas também, a dificuldade que eu observava com esta paciente, em relação com o espaço e o tempo, do espaço psíquico. De fato, finalmente esta paciente engravidou depois de um longo processo médico onde primeiro teve que ser operada de miomas uterinos, sob condição imposta pelo obstetra para iniciar depois um processo de fertilização in vitro.

Sessão com Sra. M. - quinta-feira, 8 de julho de 1993

Após a supervisão...

> *P: Estive pensando no que me acontece com as provas, é terrível. Hoje às três da tarde tive uma prova, né? Então eu comecei a estudar... tinha que ler, sei lá, 50 páginas. Então, primeiro sublinho tudo, o que acho que é importante de cada apostila. Depois, transcrevo à mão isso que sublinho para folhas de ofício, e então de 50 páginas ficam entre 12 ou 15 páginas. Depois, começo a sublinhar na minha apostila. E depois, finalmente, faço o guia ou cola para estudar, que é o sublinhado do sublinhado. E quando chego nesse ponto, minha cabeça não funciona mais... Quando tenho que começar a decorar para desenvolver um tema não me entra na cabeça. Por isso penso que uma prova oral fica mais fácil, porque com uma palavra que me digam me ajudam, e reparam que eu estudei. Porém, nas provas escritas não é possível fazer isso, a gente tem que escrever com o melhor vocabulário possível e mais conforme o material dos apontamentos. Isso é impossível, é um trabalho... um trabalho titânico e além do esforço mental que me exige, saio daí e esqueço de tudo, ou fico esquecido mesmo antes de chegar, aí fica tudo apagado... Realmente gostaria de ter uma outra forma de estudar.*

A: Bom, você me contou o que lhe acontece. Agora, faz alguma ideia do que se passa consigo? Que acha a respeito de por que tem essas dificuldades?

P: Acho que me falta vocabulário para me expressar. Meu vocabulário está limitado às coisas da vida cotidiana e me falta vocabulário acadêmico para me exprimir melhor. Então usando essas palavras de forma mais corriqueira, eu poderia não decorar e fazer a prova com um registro mais técnico e não com um registro vulgar.

Acho que me falta isso... e... sei lá, são palavras simples, porém não ficam na minha cabeça pela abstração que têm.

A: Quer dizer que lhe custa pensar em forma abstrata?

P: Pensar e me expressar de forma abstrata. Não é difícil ler e entender. Compreendo o que quer dizer e quando leio entendo o que estou lendo, porém depois não me posso expressar da mesma forma. E quando busco a palavra que eu conheço para substitui-la, acabo não encontrando o termo. Então não tenho outra saída que não seja decorar palavras unidas, conexas entre si... Me lembra quando lhe mandam contar a Luciana que conte o que contaram na aula de conto, então... bem, terão lido um conto para crianças, com linguagem para crianças, e depois Luciana põe: "a tartaruga estava zangada porque a viscacha [traduzir] lhe disse que era ruim" (ri). Então ela pode sintetizar todo um conto com suas próprias ideias, porém eu não consigo fazer o mesmo com os apontamentos da faculdade. Eu tenho que fazer 45 disciplinas e apenas me interesso por 5 em total... No 5º ano tenho Parapsicologia, você acha que uma faculdade que tenta ser séria e reconhecida pode colocar uma disciplina chamada Parapsicologia?... E ontem Marcelo me manifestou "que não pode ser, que está podre da faculdade, que o tempo todo estou falando da faculdade, que aos sábados e domingos não podemos sair porque sempre tenho que estudar... que na semana, quando tenho exame, ele vem para casa e não tem com quem falar; e que eu considere se é justo que a família se ferre porque eu tenho que estudar"... (ironicamente) está muito colaborador. Eu que pensava fazer 6 disciplinas este ano ... acho que terei que mudar o ritmo para não ter problemas familiares. Minha ideia era fazer tudo em 3 anos em vez de 5. Mas acho que a ideia dele é que o faça em 10 em vez de 5, ou em 3. Então, aí reparei que em realidade o que eu teria que fazer para não atrapalhá-lo, por Luciana, pela família, é não estudar aos sábados e domingos e estudar até Marcelo chegar. Porque quando estudei na outra faculdade não tinha marido, não tinha filhos, o único que tinha eram pais que o tempo todo me diziam "estude, estude, você não se preocupe, estude, estude". Então que agora alguém me diga para não estudar porque tenho que tomar conta de outra coisa, é algo novo para mim... Hoje também, me perguntou se tinha visto o colete azul.

Eu lhe disse "eu não sei ... por que teria de vê-lo? "Eu não encontro nada neste lugar, nunca tive a roupa tão desarrumada" "Pois bem, querido, pegue um banquinho e arrume todos os suéteres para poder encontrá-los", porque alguns ficaram escondidos atrás... então me diz "acontece que nunca tive que fazer isto, sempre fizeram para mim"... assim, né? como uma coisa passageira (ri). E eu digo: por que eu tenho que fazer isso? se estou fazendo outra coisa, ou seja, se não tiver o que fazer, arrumo o guarda-roupas... para me entreter, mas não como obrigação (silêncio) Não sei por que estou dizendo isto, porque na verdade eu estou o tempo todo pensando no avião, e não vou deixar de pensar no avião até descer na Ilha Margarita.

A: Bem, é mesmo, é curioso que tenhamos mudado o agendamento desta sessão por causa do exame da tarde, porém, muito vinculado com o avião e com a viagem de avião... sim, é curioso que não surja nenhum comentário a respeito disso.

P: Sim, posso falar a hora inteira sobre o avião, mas não sei o que mais dizer porque não deixo de ter esse medo de avião e há uma semana que estamos falando nisso. Por isso não sei se adianta falar novamente do avião se de qualquer jeito vou continuar com esse medo o tempo todo. Talvez, esta semana teria sido bom fazer alguma terapia breve e específica para o avião... (ri) em vez de fazer psicanálise.

A: Pensava que... o ponto inicial que você comenta é aquela dificuldade para que entrem na sua cabeça certos conceitos que coloca em relação com as palavras que tinha que usar, questão que coincide com outros problemas, por exemplo, este do avião que menciona agora que...

P: (interrompendo) Como fez para achar um nexo entre o avião e as palavras? Diga lá, quero escutar...

A: Acho que, em geral, para você fica difícil que novas ideias entrem na sua cabeça. Conserva suas próprias ideias que se mantém fortes e firmes, e para que outras ideias novas possam ingressar é necessário um duro trabalho.

P: Eu acho que especificamente nos referimos a ideias doentias, porque as ideias normais, se for preciso, eu as descarto em 2 minutos...

A: Refiro-me àquilo que tantas vezes trabalhamos, ideias sobre a química e os hormônios. É só nas últimas sessões você pôde dizer "Pronto, mas eu de onde tiro a relação entre hormônios e tristeza?"

P: Outro dia, falando com minha mãe, dizia para ela que eu estava muito deprimida porque minha menstruação estava atrasada... e eu estava nervosa e que... e ela disse: "Ah... comigo era a mesma coisa. Sempre que eu estava por menstruar ou ficava resfriada ou com diarreia e ficava de baixo astral e nervosa. Mas não se preocupe porque isso se passa com todas as mulheres, é qualquer coisa com as glândulas", disse minha mãe desde a ignorância dela. E eu nunca tinha falado com ela sobre os hormônios, nem da minha teoria, nem nada. Também nunca falei com ela da menstruação. Então eu não quero parecer chata, né? Mas é como que afinal de contas me reafirma que com ela se passa a mesma coisa. Não sabemos... e pensa que é pelo mesmo que eu penso. Com 30 anos de diferença de idade, outra geração e... acontecia o mesmo com ela. O que se passa é que eu até há pouco tempo não tinha explicações para nada. Minha vida era um caos porque me aconteciam coisas e eu não sabia por que e ficava com uma angustia terrível... E este tipo de ideias fixas tipo a química, e... essas coisas em realidade vêm para me sossegar, porque há uma explicação de por que me acontece o que me acontece. Porque se tirarmos a ideia da química, por exemplo, e dos hormônios, então por que estou tão de baixo astral quando estou por menstruar e sempre, e por que as outras também ficam desse jeito?

A: Antes, quando eu tentei estabelecer uma ligação entre as palavras e os hormônios, você ficou maravilhada um pouco brincando e ironicamente de que eu tivesse achado essa conexão.

P: Entre as palavras e o avião.

A: Entre as palavras e o avião. Como dizendo "e isto como é...? Que maravilha! né(breve pausa) Como faz essas conexões?" Como com admiração e ironia ao mesmo tempo, como brincando comigo...

P: Não, não, porém eu estava muito interessada em compreendê-lo.

A: Mas talvez tenha a ver com a dificuldade que você tem para fazer essas conexões. Porque fica alojada em um tipo de posição de pensamento sobre uma ideia e daí não consegue sair. As vezes consegue, como quando disse que tinha uma conexão entre depressão e hormônios. Porém é como se de qualquer jeito não conseguisse abandonar o que chama de posição ignorante da sua mãe... desde o senso comum ou as explicações folclóricas.

P: Acho que não posso abandoná-las porque não consigo encontrar outras que as substituam. Então é melhor ter uma explicação folclórica do que não ter nenhuma. Porque não ter nenhuma gera muita angústia...

A: Bem, mas neste ponto você teria uma chance de deixar aparecer ideias, conexões e novas possibilidades; porém insiste em manter a versão folclórica.

P: Acontece que o que possamos falar aqui explicaria por que eu estou com angústia e depressão e baixo astral quando estou de TPM. Mas isso não vai me explicar por que todo o resto das mulheres também ficam desse jeito.

A: Pronto, eu não sabia que você queria achar explicações universais. Achei que apenas queria entender...

P: (interrompendo) o que se passa, é que me tranquiliza saber que é um problema universal e não só meu. Então por que eu tenho que encontrar uma explicação minha em particular, da minha análise, se é algo que se passa com todas do mesmo jeito. Ficava com a sensação de que tem que existir uma explicação universal para um problema universal e não uma explicação individual que deixe por fora os outros.

A: O que pensa desta resposta que está dando?

P: Penso que eu acreditaria mais em uma explicação universal do que em uma explicação individual...

A: Eu acho que agora está mais disposta a me contrariar, do que a entender a respeito de si própria e sua análise. O que se passa com sua menstruação e seus estados de ânimo, por exemplo.

P: Eu não acho que seja contrariá-lo, acho que é minha forma de ser. E tem coisas que o senso comum me indica que existem coisas que não podem ser. Então se isto se passa com todas as mulheres com as que falo, não pode ser que tenha de ser eu a encontrar uma explicação individual na minha análise e não uma explicação universal na biologia. Agora, se eu fosse a única no mundo a passar por isso... Porém... se isto é algo que se passa com quase todas, por que tenho que acreditar que a explicação individual é a verdadeira? que deixaria de fora todas as outras. O resto das pessoas.

A: Mas nesse sentido há um erro seu. Eu com você não me dedico a entender qual é o problema que as mulheres têm com a menstruação. Tento compreender qual o sentido que para si tem a sua menstruação e suas dores, quais as fantasias que você tem sobre isso. Eu não acho que, pelo menos de minha parte, estejamos dedicados a entender os componentes biológicos, hormonais da menstruação de todas as mulheres do mundo.

P: Por esse motivo é que não posso compartilhar este tema com você, porque vai procurar um sentido unicamente pela perspectiva do que se passa comigo e não se importa com o que acontece com outros... e como eu sei que isso também se passa com os outros é um tema que talvez não seja para a análise, quiçá seja... sei lá... para um endocrinologista.

A: Veja, os problemas hormonais serão para endocrinologistas, mas cá continuam sendo para a análise porque você continua trazendo esses materiais como parte da sessão, embora seja só para dizer...

P: (interrompendo) Cada 20 dias.

A: "Isto não é para a análise" ou "isto é hormonal". É seu modo de tomar a sessão.

P: Voltando para o assunto do avião, que é o que me preocupa, porque a menstruação já passou. Por 20 dias fico aliviada, mas o assunto do avião é amanhã, que outra ideia pode substituir uma obsessão? (silêncio). Existe uma teoria, não sei ao certo que era, se era psicanalítica, acho que não, ou se era...

A: (interrompendo) Mas por que agora teríamos que nos dedicar a ver o assunto do avião se também poderíamos dizer: o 99,99% das pessoas que viajam de avião têm medo?

P: Não sei se isso é mesmo assim, eu não faço esse tipo de enquetes, acho que há muitas pessoas que têm medo, tem pessoas que não gostam, outras que têm pânico, tem gente que não se incomoda e tem gente que gosta de voar...

que são todos aqueles que fazem cursos de piloto civil e tudo isso. Por isso acho que está distribuído, duvido que o 99,99% das pessoas tenha o pânico que eu tenho.

A: Bem, talvez não o pânico que você tem, porém se tem esse pânico e para si é tão preocupante a menstruação, por que não vamos tomar os dois assuntos do mesmo modo para a análise?

P: Estou lhe dizendo que eu não acho que aconteça com todas as pessoas, ou seja, eu, com o tema da menstruação, há muitos anos que venho fazendo enquetes com todas as mulheres que conheço. E com os aviões não faço enquetes. Então, apenas sei que Marcelo não gosta de voar, não gosta de estar com os pezinhos no ar, mas se vira, ainda mais se tem que chegar a um lugar que ele quer chegar. Então é como cada um aguenta o desgosto.

A: Disso se trata. Como é que você aguenta seu desgosto.

P: E, eu não aguento o desgosto.

A: Não, nem de voar, nem de menstruar...

P: Nem de ter que me operar, nem de estudar, nem... Não, de fato eu acho que...

A: (interrompendo) E isto não é para os endocrinologistas, é sim para o psicanalista.

P: Não, é para o psicanalista. Concordo. Porque aí sim vejo que há pessoas que têm mais tolerância ao baixo astral pré-menstrual. Com isso concordo, sim... Mas, como vou fazer para melhorar minha intolerância até amanhã pela noite?

A: E, dá para ver que terá que viajar a intolerância incluída.

P: Sim, mas são 8 horas mais 2 de aeroporto, que também não tolero. Acho que nunca tive que estar tanto tempo com intolerância. Não sei se vou conseguir tolerar esta intolerância tantas horas (silêncio).

A: Talvez, deste modo, reencontramos a versão porcelana, como era chamada em criança, mas de uma maneira menos cerâmica e mais psicológica, né? Não tolerar a espera, não tolerar a síndrome pré-menstrual, não tolerar a inquietação. De fato, já não se trata de uma situação em particular, trata-se de uma capacidade sua, pessoal ou mental.

P: Não, o que se passa é que há situações que não tolero, embora durem menos tempo. Por exemplo, se Marcelo me dizer para ir jantar fora... quanto pode demorar ir jantar fora, 2 horas?... faço um esforço e aguento a intolerância por 2 horas, o aborrecimento e o desconforto. Mas... eu não sei... 8 horas é muito... 8 ou 9 horas dura o voo.

A: Talvez tenha querido dizer "o motorzinho da ansiedade" que você me disse há um tempo, terá a ver com isto da intolerância então.

P: E, suponho que sim. Mas, já não sei, porque eu tento imaginar como se eu não soubesse o que é um avião, né? Como se nunca tivesse viajado de avião. E tento imaginar que é algo lindo, né? Como uma criança que sobe a um avião pela primeira vez e diz: "vou pegar um avião, que sorte!" e sobe no avião e curte. Olha os cinzeiros, o que há no teto, os botãozinhos das poltronas. Eu tento fazer isso, mas não consigo. Porque é como que eu já tenho um preconceito de que é algo desagradável e não posso tirar essa ideia prévia da minha cabeça. A sensação da decolagem, o pouso, os barulhos das turbinas que vão mudando. Fico atenta a todos os movimentos, às viragens. Acho que gira um grau no rumo e eu já percebo.

A: Sim, tem que ficar controlando tudo.

P: Para que tenho que ficar controlando se, de qualquer jeito, eu não sei dirigir um avião e não sei fazer nada.

Eu compreenderia, se tivesse tirado um curso de piloto, então ficaria atenta e compreenderia o que significa que vire para um lado, que mude o rumo, que suba uma assa, que abaixe outra, que mude o barulho das turbinas... e, se de qualquer jeito, não percebo nada disso. A única coisa que faço é ficar assustada quando escuto um barulho diferente. Não entendo se isso está bem ou mal, somente fico atenta a qualquer movimento diferente para me assustar. Por que não posso subir no avião e dizer: "que dirija o piloto, que faça o que quiser?" como faz o meu cunhado... que experto que ele é! Leva uma revista, um livro, aos 10 minutos fica adormecido e acorda quando chegar. Que dirija o outro... "Para isso peguei um avião, para não ter que dirigir".

A: Bem, quiçá você não sabe, mas com todo esse controle tem a recôndita ilusão de que dirige o avião.

P: Eu não quero dirigir. Não quero dirigir isso, não sei por onde se toca.

A: Isso é a partir do ponto de vista formal ou que está mais próximo do senso comum e com certeza é desse jeito, tal e qual você diz. Porém estamos vendo o que é mais irracional. E dessa versão mais irracional, talvez todo esse controle tenha o sentido de exercer uma espécie de domínio sobre o que está acontecendo. Como quando o faz com o olhar, como, se localizando Marcelo com o olhar na piscina, dominasse a situação e mantivesse aquele fio invisível que mencionou em uma sessão anterior.

P: É, mas então não vou conseguir resolver isto tão facilmente, porque está incluído no resto das coisas que faço.

A: Pois, você não reparava em que era desse jeito?

P: Não, eu achava que o medo de avião era uma fobia diferente, e que era muito comum e que podia não ter nenhuma relação com o resto das minhas fobias.

A: Bem, isso foi o que tentei dizer com o tema da menstruação. O medo de voar, ou de aviões, pode ser um dos medos mais generalizados das pessoas, mas isso não quer dizer que não tenha um sentido próprio para sua análise e para si, relacionado com outros problemas seus. O mesmo com a menstruação. Conseguimos ver que estava vinculado com a intolerância que recém estávamos vendo.

P: Para mim o problema está em resolver a intolerância, porque o resto, o desgosto que me produzem as coisas, não vai mudar com a psicanálise, né? Vão continuar me desgostando como sempre. Claro, "agora estou me mijando, mas o tolero melhor", a famosa brincadeira so-

bre a psicanálise (silêncio). Faço toda uma construção de ideias me dando por morta. Já estou morta e estou pensando o que vai acontecer depois de que eu morra. Então, bem, ia lhe dizer que telefone minha mãe para cobrar estas sessões que devo e ia deixar coisas encarregadas para minha irmã, à minha mãe... imaginei... Mas ao mesmo tempo que imagino essas coisas, também me imagino que na segunda, que volto, tenho uma listagem enorme de coisas para fazer... Então eu vou tomando nota do que tenho por fazer. Se voltar com vida, o farei e se eu não voltar ficaram sem fazer, pois já não importaria. Fico parecendo uma correspondente de guerra, como se fosse para o Vietnã (ri) em plena guerra. Por isso falo para minhas amigas "se voltar, te ligo... se voltar viva te ligo".

Quando a sessão termina, levanta-se e me diz, enquanto pega no casaco dela, que caso ela não voltar telefone para a mãe dela para lhe cobrar as sessões ou então "a gente se encontra na segunda seguinte". Desejo-lhe uma boa viagem e confirmo sua data de retorno para marcar a próxima sessão.

Supervisão clínica: discussão

[Faz um desenho do sonho do Shopping Center no quadro]

AG: Eu não sabia se tinha que me desculpar ou não, mas em relação aos que estiveram aqui nesta manhã, serei forçado a repetir algumas coisas que já disse esta manhã, que são considerações gerais. Mas acho que estando quase na despedida, podemos ter essa licença.

Estou muito impressionado com o relato do sonho desta paciente. Mas temos que sublinhar algo. Que esta paciente, de quem dizemos que nos lembra outro com um ataque de pânico e de quem dizemos que estes pacientes têm um limiar de descarga muito baixo, não há necessidade de prosseguir com experimentos para isso. E se pensarmos que a abordagem experimental é a que traz o menor esclarecimento, pode nos dizer o que podemos verificar nesta paciente.

Pelo contrário, o sonho que ela tem após a morte do pai mostra que, paradoxalmente, em vez de fazer um sonho de ataques de pânico, faz um sonho com uma transparência muito grande, que lhe permite entender todo o seu funcionamento. A peculiaridade desse sonho é que é um sonho hipercondensado, hiperexplícito e, ao mesmo tempo, nos dá uma certa percepção da dificuldade dessa paciente. Ou seja, que temos que considerar o sonho como uma coisa paradoxal. Isto é, por um lado, o sonho fala muito; e, por outro lado, o que deve prender nossa atenção é a pobreza do disfarce do sonho. Em outras palavras, são sonhos que, acima de tudo, revelam o modo de funcionamento. Ponto que precisamente constitui o paradoxo da análise. Não podemos dizer que precisamos abstrair o conteúdo para ter acesso ao funcionamento. Pelo contrário, temos que dizer que, para ter acesso ao funcionamento, precisamos pensar o conteúdo.

Esse sonho é trazido até nós sem associações. Precisamente pensando o conteúdo, em um caso como esse, é o mesmo que dizer pensar o conteúdo além do processo primário. Porque veremos que a condensação e o deslocamento que existem aqui têm uma forma hiperconcentrada.

Ela está com os pais em um shopping center. O que chama a atenção para dois pontos: o primeiro é que é um local público e o segundo é que se trata de um local onde se compra e vende.

O pai está atrás dela e ele está velho e fraco. O pênis dele está no ânus dela e o pai faz cocô dentro dela através do pênis. Dentro do corpo dela. Ela está muito enjoada e tenta encontrar um banheiro para evacuar o cocô. No sonho, sentiu que, dessa maneira, dava vida ao pai como se ele estivesse ligado a ela como uma bateria. Por outro lado, foi dito que a mãe também estava no sonho, mas como se estivesse lá fora.

Em resumo, aqui temos uma mãe que é vista, que nada mais é do que um olhar. Temos uma fantasia realizada, na qual o pai a penetra analmente e onde o pai está completamente enfraquecido.

Tem duas maneiras de entender a situação e não apenas duas. A primeira é que, quando o pai defeca nela, ele se esvazia de toda a sua substância, torna-se magro e esquelético. Nós sabemos que ele acabou de morrer. É como se sua morte tivesse revelado a fantasia de seu desejo por seu pai. É assim como vemos uma fantasia da concepção anal, da relação anal, mas que de fato é um deslocamento da relação vaginal. A vida e a morte. Mas esse deslocamento para o ânus é o que lhe permite a confusão entre a fabricação das próprias fezes e a degradação do esperma paterno em merda.

E, por outro lado, outra maneira de encarar as coisas seria que não é o pai que se esvazia para transmitir sua substância a ela, uma substância que ela procura evacuar, mas que é ela quem dá vida ao pai. Ou seja, que ela se apropriou da força e da vitalidade do pai, que é algo que ela usa para prolongar a vida do pai. Em tudo isso, a mãe está do lado de fora e olha.

Agora, o que aprendemos é que essa paciente tinha fixações anais muito importantes. Em outras palavras, longe de querer evacuar o cocô o mais rápido possível, ela o manteve o mais rápido e o maior tempo possível. Portanto, um fator explicativo do sonho é o desejo de reter o pai para evitar fazer o luto. Mais ainda, que esse luto a deixará sozinha com a mãe, que é quem colocou em jogo o conflito anal, pois o que ela experimenta são os mecanismos que a forçaram a dar o cocô, como sabemos. Mas o que é interessante no nível dos sonhos é a maneira pela qual ela transforma o objeto que a penetra no local em que produz o cocô para ele fazer o cocô dele através do pênis. Isto é, que efetivamente vemos que os relacionamentos de sujeito e objeto não são com objetos diferenciados, mas isso não significa que eles estejam em uma relação de fusão. Eles estão em uma relação de permutação, no que é propriamente do sujeito e o que é próprio do objeto. Podem se intercambiar sempre, de modo que não se quebre a circularidade.

Em francês temos um jogo em que alguém pega um outro do queixo e vice-versa e se diz: "Eu te tenho, você me tem pelo queixo. Quem soltar primeiro leva um tapa". É ilógico porque o primeiro que soltar fica em melhores condições para dar um tapa; mas é assim, os jogos infantis têm uma lógica.

É o que acontece o tempo todo na análise. O que o senhor chamou de inversão de perspectiva, descrito por Bion, acho que é uma aplicação literal do conceito bioniano. Bion o integra ao que ele chama de visão binocular. Inverter a perspectiva aqui é o caminho para permanecer no lugar. Fechar o relacionamento para que não se torne em uma outra coisa.

Dei este exemplo para mostrar como é instrutivo refletir sobre um material dessa maneira. Lá temos o deslocamento óbvio da vagina para o ânus. Temos aí a condensação entre esperma e cocô. Também temos a lógica pura do sonho [onde Freud diz que no sonho é o coelho caçado e o caçador] e onde aqui o que o pai produz não sai do pai ou do ânus, e por quê? Porque ela tem um falo anal. É isso que ela indiscriminadamente compartilha com o pai como um objeto de poder onipotente. É nesse ponto em que se coloca toda a questão com esta paciente.

Ou seja, é precisamente uma relação com um objeto imaginário em relação a uma fantasia inconsciente? Ou é que temos que ver outra coisa, o que nos faria pensar que estamos de fato além de uma estrutura obsessiva. Porque, em uma estrutura obsessiva, teríamos que lidar com uma sexualização do pensamento, com a produção de algum sintoma obsessivo e aqui, a sexualização do pensamento, em vez de terminar naquela formação imaginária que a religa novamente com os objetos do mundo, consiste em um tipo de fechamento em si mesma, onde o pensamento é atacado por ela própria.

Então, vou repetir o que disse hoje de manhã. Quando Freud escreveu a teoria psicanalítica, ele usou estruturas clínicas. Ele descreveu algumas estruturas clínicas totalmente coerentes que conhecemos através dos nomes da nosografia: histeria, fobia, neurose obsessiva etc. O interesse dessas descrições não é apenas tentar imaginar mecanismos inconscientes, é mostrar que as estruturas têm coerência em relação ao funcionamento psíquico. Isto é, não só possuem um sentido, mas também esse sentido está organizado de certo modo.

Além disso, existem maneiras de conceber relações nas várias organizações psicopatológicas como mantendo relações de sentido entre elas, desde Freud. É claro que agora estamos mais acostumados a encontrar quadros clínicos que fazem pensar de um modo longínquo essas estruturas clínicas coerentes, mas que nos afetam muito mais pela forma em como essas estruturas são separadas.

Então, temos duas escolhas a fazer. A primeira é dizer que, como não são as mesmas opções clínicas, não precisamos de descrições clínicas, porque não são adequadas e vamos procurar uma outra coisa. Simplesmente, tem poucas pessoas que encontraram o contrário. A outra eleição será dizer: vou me interessar por uma organização que parece ter sua própria coerência, para descobrir por que aqui não é desse jeito e por que derivou em outra coisa. Em outras palavras, vou comparar a relação entre a situação conjuntural dessa paciente e a provável estrutura ou estruturas a que ela nos refere.

É o que acontece no primeiro terço da sessão, quando a paciente fala sobre suas dificuldades intelectuais com uma operação que se assemelha muito ao de uma neurose obsessiva. Uma neurose obsessiva grave, onde se pode dizer que a censura é ainda mais importante, mas onde se tem a impressão de que o funcionamento mental estava girando.

Em outras palavras, ao contrário de uma estrutura obsessiva que produz sintomas e defesas, e depois novas defesas, e novamente novas defesas, aqui se tem a impressão de estar sempre no mesmo lugar.

Devemos pensar sobre esse sentimento e relacioná-lo com o grave sintoma fóbico de que essa paciente sofre. Quando ela sai para o espaço, precisa cancelar qualquer tipo de estímulo. Acho que teremos que olhar um pouco mais de perto o que ela descreve, porque a sessão é dividida em três partes, pelo que me lembro. Mas, em todo caso, ficou organizada desse modo dentro da minha cabeça.

O vínculo, tal como o considero, isto é o vínculo com a transferência. A primeira parte diz respeito a suas dificuldades em seu trabalho intelectual. A segunda parte, muda o cenário e diz respeito ao relacionamento com o marido. Muito rapidamente, passa do relacionamento com o marido para o relacionamento com a mãe. E, na última parte da sessão, para a questão do medo do avião.

A maneira de proceder do nosso colega me parece diferente de todos os outros materiais que ouvi, em qualquer caso, em um ponto. Nosso colega permite que a paciente se expresse um tempo suficientemente extenso. Ou seja, podemos ver como ela funciona quando está sozinha consigo mesma. Depois, a sessão entra em outra fase de intercâmbio, que rapidamente se torna controversa. E eu diria que a sessão termina em um empate. A paciente sabe que a fobia do avião é particularmente resistente à psicanálise e que existem pessoas que continuam a ter a fobia do avião apesar da análise e que, consequentemente, ela pode deixar o analista dizendo-lhe: "estamos no próximo round".

Dito isto, o fato de que esta paciente não produza sintomas obsessivos efetivamente nos faz pensar que os sintomas no nível do pensamento eram os mais importantes. E que em uma neurose obsessiva são os desenvolvimentos das fixações os que produzirão os sintomas e as defesas em relação aos objetos da realidade. Aqui algo mais pode acontecer, ou seja, os distúrbios do pensamento serão traduzidos como uma linguagem fisiológica do corpo. Essa tradução do pensamento para a linguagem fisiológica do corpo visa evitar o que está aqui (aponta para o desenho do sonho). Em outras palavras, que apareça o corpo imaginário, com todos os intercâmbios existentes no corpo imaginário que a obrigam a encarar sua feminilidade e a maneira como ela a vivência.

Por que razão? Eu não sou um mágico e não posso dizer tudo com uma sessão. Mas o que sei sobre esta sessão é que, quando ela aborda a questão da menstruação, sua mãe diz: "O mesmo acontece comigo. Quando vou menstruar, algo acontece comigo, um acidente ou tomo frio ou fico resfriada, o que me impede de ter meus ciclos". Em outras palavras, o corpo sexual é substituído por um corpo doente, por um corpo diminuído de alguma maneira, como se a menstruação fosse vivenciada como uma doença. Mas, em qualquer caso, isso significa que sua filha não tem o direito de ter um corpo diferente. "Minha filha... você é como eu". Isto é, ela não possui nenhum tipo de latitude. Ela não tem outro espaço além do que todos lhe dizem: "estude, estude, estude"; em outras palavras, "não pense em mais nada".

Quando vemos como o marido a trata, ele vem e não diz "estuda, estuda", ele diz "eu não existo?". Finalmente "onde está o pulôver azul, mãe, onde está meu colete azul?" "Eu não sou sua mãe; procure-o, ele ficou para trás" Ela diz "suba no banco" e ele diz "me pede para eu fazer, mas alguém sempre fez isso por mim". E ela diz "você não percebeu que o homem aqui sou eu". Não pensem que isso é contingente a essa ideia, porque procurar o pulôver por trás revela exatamente seus problemas. Ela diz "suba no banco"; ela diz a ele que ela tem uma fobia do avião [A. Green faz um gesto com a mão que emula uma ereção]. Quando continua falando, ele diz que Marcelo não gosta de ter os pés no ar. Em outras palavras, ele não está mais com os pés no chão. Ela diz a ele para "subir ao banquinho" para que ele fique com os pés no ar, para que ele seja quem experimente a ansiedade de castração. Então, os pacientes são engenhosos, mais engenhosos do que nós.

A sessão termina finalmente na verdade da paciente. Ela diz: "Faço toda uma série de ideias e construções, considerando-me já morta. E estou tentando pensar no que vai acontecer depois que eu morrer". Era isso que eu queria dizer quando falei antes de ouvir a primeira linha desta sessão; falei da mecanização do pensamento.

Mais uma vez vou repetir o que disse esta manhã. Quando praticamos a psicanálise, não podemos escapar de uma questão fundamental: nossa concepção geral do psiquismo, não nos detalhes, mas no que poderíamos chamar de fins últimos. Significa, para que pensamos que serve o pensamento?

Uma primeira hipótese: com uma paciente como esta, pode-se pensar à primeira vista que a psique serve para garantir segurança, evitar situações perigosas.

É uma hipótese. Depois, passamos a vida toda garantindo situações de segurança e evitando situações perigosas. Segunda hipótese: levando em conta a importância da destrutividade, outra hipótese é que passamos nosso tempo reparando os danos que causamos aos nossos objetos. E, finalmente, pergunto-lhes se a questão essencial não é o que nos anima na existência. O que nos sustenta, a que estamos vinculados, o que queremos alcançar, o que nos leva a fazer isso ou aquilo por dentro. Eu acho que há três posições essenciais, porque seremos interrogados pela leitura do material.

Do ponto de vista de Bion, em que ele se diferencia da posição de M. Klein, ele disse que pensar era doloroso porque os dois problemas essenciais eram elaborar ou evacuar frustrações. Ele também disse que todo o problema era a possibilidade para o psiquismo de salvar algo de si próprio para transformá-lo.

Mas para fazer o quê? Para gozar da vida. Não há outra razão. A outra coisa que podemos dizer é que elas são as transformações desse prazer e a elaboração do que se opõe a ele. E é disso que se trata aqui.

Portanto, como ainda temos alguns minutos, tentaremos ver como, na primeira parte da sessão, a paciente descreve seu conflito intrapsíquico de uma maneira muito falada. Ela nos explica como para estudar tem suas 50 páginas, sublinha o que deve reter, como sublinhou tudo, restam 50 páginas. E depois há o sublinhado do sublinhado e o sublinhado do sublinhado. E aí diz "minha cabeça não funciona mais". Por quê? Porque essa paciente, em relação às operações que consistem em resumir ou sintetizar, já que ninguém pode reter tudo, está mais obcecada com o que perde do que com o que ganha. O que não tem mais conta muito mais que aquilo que alcançou. De tal maneira que sua mente é permanentemente puxada na tentativa de recuperar o que perdeu e aí ela não pode usar o que salvou. Está faltando uma outra operação, não vou dizer qual, mas ela a diz logo, como fazer para decorar? E aí ela nos mostra um elemento com o qual aparece como a patologia obsessiva desbordada.

É preciso que o que entrar nela seja exatamente idêntico ao que lá está. Qualquer diferença lhe dá a sensação de que ela estragou o que fez entrar. E então, quando se trata de escrever, é aí que outra forma de conflito aparece. Porque aí ela tem que produzir algo de si mesma. Não é apenas uma angústia que envolve suas introjeções. É uma angústia que diz respeito às transformações que ela fez.

Ela continuará falando sobre as dificuldades que tem com o vocabulário, a maneira especial de escrever no que chama de linguagem mais técnica, em oposição ao que para ela é a linguagem vulgar. Em uma paciente como esta, as palavras não têm significado figurado. Elas têm um significado concreto. A linguagem vulgar é uma linguagem de palavras grossas. E, consequentemente, nesse sentido a ansiedade está relacionada ao medo de que uma coprolalia apareça.

Bem entendido, uma vez que ela usa expressões feitas, se não retomarmos isso, a paciente foge. Ela opõe isso à linguagem abstrata. Ela quer dizer que a escolha é entre linguagem pulsional grosseira e linguagem mecanizada morta. A linguagem abstrata não é a linguagem dos produtos do pensamento: é uma linguagem morta. [foi por isso que escrevi morto antes de saber o final da sessão]. Então ela continua com o analista e fala sobre materialização, conceituação e, por acaso, chega a uma linguagem da infância. Vemos o fantasma agressivo que parece: "a tartaruga estava com raiva porque a lebre lhe disse que era ruim". Ou seja, aparecem os fantasmas tirânicos que são exercidos nas palavras.

Ontem dei uma conferência para chamar a atenção para o trabalho psíquico que é exercido sobre as palavras e o problema da alucinação negativa das palavras. Isso não se aplica aqui diretamente, mas por acaso passamos do conto infantil para a teoria da educação. Isso significa que está falando sobre ela e fala sobre o que para ela representou a necessidade de reprimir suas fantasias infantis de ser rude, de vulgaridade, de analidade, de maldade, precisamente "que isso pode ser feito, que isso não pode ser feito".

E depois ela continua falando sobre as disciplinas de que gosta e não gosta. A primeira, psicanálise. O poder do analista. Ela o mistura com outras coisas para que passe inadvertido. Em outras palavras, o que ela quer é o poder do analista. Aí tem todo um sistema obsessivo que rodopia e se afasta da transferência. Assim, a psicanálise termina em parapsicologia. Ou seja, os fenômenos de transmissão de pensamentos.

Ou seja, é disso que ela tem medo na transferência. A comunicação do pensamento entre ela e o analista, e a possibilidade de o analista adivinhar os pensamentos que ela oculta, e o poder que atribui ao analista sobre o que pode fazer com os pensamentos.

A partir do momento em que ela chega à parapsicologia, ela volta ao seu espaço doméstico. Para falar sobre toda a desorganização que ela tem. E que o analista entenda que, por trás dos estudos, há uma desorganização geral do pensamento em suas relações com os objetos vivos. Ou seja, nesse momento é a história com o marido, para quem tanto faz "que eu não seja nada, a que seja profissional". O marido quer que ela tome conta da casa.

Tendo apresentado o marido, ela introduziu a luta através do falo. E aí está o avião que chega. Aí, o analista diz: "Esta é uma sessão de substituição. Você me diz que vai viajar e que ficará longe de mim. Eu sou importante para si". E ela diz: "Sim, vou fazer uma terapia breve especial, foda-se".

Aí vem uma intervenção que considero a mais importante, quando o senhor faz a relação entre o avião e as palavras. Seu inconsciente captou perfeitamente o valor fálico das palavras e a tentativa de manipulação anal que ela faz com as palavras. Ou seja, aí se orienta para o lado do falo anal.

Então, eu gostaria de lhes dizer algo na linha da inversão da perspectiva. O que ela descreve sobre seu relacionamento com as palavras é a do conflito internalizado da sua relação com as palavras, o que ela tenta resolver. É aí que se vê a raiz da inversão da perspectiva: uma reversão da perspectiva interna. Isso começa quando ela quer memorizar e salvar. É como se as palavras lhe fizessem a ela o que ela faz consigo.

Eu vou falar sobre a mãe e depois terminamos. Toda essa passagem pelos hormônios se baseia em uma coisa: a impossibilidade de imaginar o corpo da mãe. O corpo da mãe como um corpo sexuado. É claro que a mãe não facilitou as coisas para ela. Não sabemos de muitas mães que facilitem isso para suas filhas. Conheço uma, por exemplo, a quem o filho lhe perguntou se ela tinha pênis e ela respondeu "é claro, por quê?".

É a única parte da sessão em que ele fala sobre sua semelhança com a mãe que é exatamente o problema que ele tem com as palavras. Ela diz que com 30 anos de diferença de idade, uma geração de diferença, e ainda assim é a mesma coisa. Ela diz que não tem explicações para nada. "Minha vida é um caos porque me aconteceram coisas e eu não sabia por que isso estava acontecendo comigo". Quer dizer que, de fato, a impossibilidade de imaginar o corpo da mãe. A impossibilidade de imaginar uma identificação acabou impossibilitando poder imaginar o próprio corpo. Portanto, seu corpo precisa ser protegido de tudo. De tudo o que não é da ordem do pensamento puro.

Telefone, motorista, carro. Por quê? Porque quando alguém começa a colocar o corpo em movimento, ele começa a ser habitado por uma excitação que se torna totalmente incontrolável, que não aceita nenhuma restrição. Diante de um semáforo vermelho deve parar, verde prossegue: intolerável. Isso significa que o movimento é lançado e, novamente, é isso que eu chamo de investidura; e foi por isso que ontem eu disse que percepção é movimento.

O resto da sessão é sua tentativa de levar o analista para o campo, não de perguntas absolutas, mas de perguntas, acima de tudo, cuja função é impedir o acesso a esse nó vivo dentro dela. Que é um núcleo de desejos não elaboráveis e onde, de fato, ela se sente ela mesma dentro de uma máquina guiada por um outro.

Suas imaginações sobre seu corpo são para isso. E ela diz: presto atenção a cada movimento diferente que pode me assustar. É por isso que insisto enormemente em todas as dimensões do movimento e na necessidade de não abandonar o modelo pulsional.

Então, bem entendido, vemos que todos esses esforços a deixam diante de um corpo morto. "Faço toda uma série de ideias e construções, considerando-me já morta. Já estou morta e estou no processo de pensar sobre o que vai acontecer depois que eu morrer". Isto é: ela tem a fantasia sobre aquilo que pode ficar de um corpo que tenha conseguido eliminar todo desejo, todo desejo sexual e agressivo. No qual ela mesma está do lado de fora, como a mãe no sonho que olha, mas que olha para alguém que já está morto. E, ao mesmo tempo, o caos que faz com que ela própria não possua uma figura humana.

Segunda supervisão do Dr. André Green apresentação do material clínico do Sr. R., Buenos Aires, 1996

Apresentação do paciente

Ricardo me consultou no início de 1991. Nesse momento, ele tinha 26 anos. Formara-se há dois anos como engenheiro civil e tinha começado a trabalhar no escritório do pai, também engenheiro.

Ele queria fazer um tratamento porque se considerava "um somatizador", visto que "lhe aconteciam coisas no corpo": acordava com machucões na testa ou aparecia com o olho violáceo sem motivo e, além disso, ficava gripado com facilidade. Se ele lesse em uma revista que algum personagem apresentava uma doença grave, começava a pensar que ele também poderia tê-la e não se acalmava até fazer um check-up médico.

Escolhera-me porque eu tinha tratado em casal, durante dois anos, a irmã, Silvina, e o marido. Naquele momento, sua irmã estava grávida de um feto mal formado que morreu ao nascer. Ele valorizava minha intervenção nesse caso. Ele me disse "você os ajudou muito".

Três anos antes, ele se tratara com quem fora o analista da mãe. O gatilho foi um acidente de carro em que ele estava dirigindo. Um ano antes da consulta, ele sofrera outro acidente de automóvel, pelo qual capotou em uma estrada, mas saiu ileso.

Dados de sua família: Pai Fernando, 60 anos, engenheiro. Mãe Delia, 55 anos, fonoaudióloga, dirigia um instituto especializado em audição. Irmãs: Silvina, 28 anos, decoradora, casada, mãe de dois filhos, e Mariana, 27 anos, solteira, trabalhavam no instituto da mãe. Sua namorada, Ana Maria, com quem ele mantinha um relacionamento há um ano, foi quem o aconselhou a iniciar um tratamento.

Ele se considerava meio viciado em mulheres e se orgulhava de ter tido sempre as meninas que quis. Ele era muito mulherengo, mas, por outro lado, sempre esteve em um relacionamento. Descrevia-se muito ativo, bastante nervoso e pragmático. Ele me disse "estou a mil por hora".

Combinamos um tratamento analítico de três sessões semanais. Comecei a saber da chegada de Ricardo devido ao barulho do golpe ao fechar a porta do elevador. A partir daí, a sequência continuou com a imperiosidade do som da campainha, a entrada vertiginosa no consultório, o ritmo com o qual ele falava, junto com o tamborilar dos dedos no sofá e sua partida rápida, uma vez terminada a sessão. Algumas vezes, quando ele entrou ou saiu, ele bateu com sua pasta na parede de entrada do meu consultório, levando pequenos pedaços de estuque pelo caminho. Se precisava usar o banheiro, ele praticamente mergulhava nele, sem solicitar minha autorização.

Os temas de Ricardo giravam em torno de diferentes aspectos de sua vida que tinham em comum suas reações desproporcionadas e intolerantes: um chute na porta do forno, um murro no teto do carro, a bateria do celular para o chão. Reações que eram desencadeadas pela frustração de que uma opinião ou comportamento do outro não fosse como ele pensava ou esperava. Passado um tempo, comentou que desde bebê se balançava lateralmente no travesseiro para adormecer, além de uma história de infância de hipercinesia, um sintoma que, de certa forma, ele mantinha.

No vínculo comigo, eu era um "filho da puta, Hitler, um rígido, gostava de fazê-lo sofrer ou humilhá-lo, enfiando o dedo na bunda". Não respondia suas perguntas diretas, como ele pedia. Seis meses após o início do tratamento, a mãe me ligou, irritada pela forma em que Ricardo estava agindo. Disse-lhe que comentara para o filho que ela me tinha ligado e que eu também falaria com ele para lhe informar disso. A partir desse episódio, eu não tive mais contato com ela. Quando a intolerância do paciente aumentou notoriamente, intensificou-se um sintoma que consistia em testar se o ar estava entrando profundamente nos pulmões, pois ele receava não estar respirando bem. Desse modo, ele começou a sofrer de alcalose, sentindo-se tonto e com medo de morrer. Aproximadamente ao ano da análise, quando os pais estavam viajando, um credor telefonou para o escritório para reclamar um dinheiro que o pai tinha que pagar. Ricardo foi visto em estatuetas para conseguir isso, fato que somado à tensão porque seu pai não lhe avisara, fez com que ele tivesse um quadro respiratório importante. Foi necessário ligar para a assistência pública, transferi-lo de ambulância e medicá-lo com ansiolíticos em um pronto socorro. Os sintomas respiratórios começaram a ocorrer com mais frequência: como espectador de uma partida de futebol, dirigindo o carro ou fazendo um trâmite profissional. Mesmo em uma ocasião, ele teve um episódio respiratório no consultório, no início de uma sessão, que durou alguns minutos e passou. Ele ficou feliz nesse momento porque assim eu seria capaz de conhecer diretamente o que estava acontecendo com ele. Ele também começou a comentar que fazia arranhões com o carro. No último, ele bateu com outro carro por não conseguir frear. Eu recomendei que ele não dirigisse por um tempo até não esclarecer o assunto de seus sintomas respiratórios e impulsividade, mas ele não aceitou minha indicação.

Após as segundas férias analíticas, no início de março de 1993, com os sintomas respiratórios na máxima expressão, ele me ligou dizendo que o pai queria ter uma entrevista comigo. Sugeri que o pai me ligasse e ele respondeu que não, "que o pai queria me ver, se for possível nesse mesmo dia". Aceitei recebê-los juntos no horário da sua sessão. Finalmente tivemos duas entrevistas conjuntas. Na primeira, o pai me disse que todos estavam permanentemente sobressaltados com os sintomas respiratórios de Ricardo. Ele pedia ajuda, por telefone celular, quando tinha episódios enquanto dirigia. E esclarecia que era para "se apressar porque não sabia se o encontrariam vivo". O pai de Ricardo receava, nesse clima de tensão, que ele pudesse ter um infarte. Na segunda entrevista, eu disse-lhes que a intensificação dos sintomas do meu paciente era uma consequência do tratamento, que a análise precisava de tempo para que pudesse operar no padecimento de Ricardo. Que eu ia pensar em uma proposta para lhes oferecer maior segurança. O pai ficou aliviado e se despediu desejando boa sorte para mim e seu filho. Na sessão seguinte, sem que o paciente deitasse, propus aumentar o número de sessões para quatro por semana, dei-lhe o meu número de telefone residencial para me ligar, caso estivesse passando mal; além disso, estabeleci como condição que ele consultasse um profissional da minha confiança para que lhe prescrevesse medicamentos psicotrópicos. Ele não gostou desta última indicação, mas finalmente a aceitou, porque estava disposto a fazer o que fosse necessário para evitar os sintomas respiratórios. A partir da consulta psiquiátrica, começamos a chamá-los de ataques de pânico ou "*panics*", pois essa era a condição com a qual meu colega o diagnosticara. Ele tomou medicamentos antidepressivos e antipânico por dois anos (1993-1994). Seus antidepressivos foram interrompidos após o segundo ano e tomou o antipânico, como medicamento único, por mais um ano [todo o ano 1995 até abril de 1996]. Desde a segunda metade de 1995, ele não teve mais ataques respiratórios. Nesse meio-tempo, ocorreu um episódio muito importante em sua vida: em junho de 1994, inesperadamente me informou em uma sessão que tinha decidido se casar com Ana Maria. Naquele momento, decidi não detê-lo ou opor-me à sua decisão, notoriamente impulsiva. Orientei-me pelo episódio em que Ricardo rejeitou minha indicação de não dirigir e entendi que era um novo "acidente", desta vez não de carros, que eu teria que sofrer com meu paciente e estava disposto a pagar o custo por não intervir. Dois meses antes do casamento, ele começou a ter um relacionamento apaixonado com Franca, uma mulher jovem e atraente com quem estava ligado no trabalho, ao mesmo tempo em que decidia aspectos da festa e da lista de casamento. Ele pulava de cama em cama, em um turbilhão enlouquecedor tentando decidir quem "era a mulher de sua vida".

Ele finalmente decidiu se casar, apesar de não ter certeza, com o argumento: "Total, se não der certo, depois de três meses me separo". De fato, três meses depois, ele se separou, sustentado por uma decisão tão impulsiva quanto a anterior e, a partir desse momento, fortaleceu seu relacionamento com Franca, com quem começou a conviver.

A análise de seu casamento e separação, tendo diminuído os "*panics*" até desaparecerem, fortaleceu um estágio de maior tranquilidade analítica. Ele começou a se sentir mais responsável por si e pelos outros. Quando ele retomou em março de 1996, após as férias, começou a pensar em terminar o tratamento.

Dada a reiteração e insistência no assunto, disse-lhe que, do meu ponto de vista, teríamos uma ideia aproximada de como terminar o tratamento depois da metade do ano seguinte. Em outro momento, disse-lhe que, além de pensar intuitivamente em um período de tempo, também considerava que tínhamos que ter indicadores analíticos: sonhos e material de sessões sobre esse assunto.

Na sessão anterior àquela que irei relatar posteriormente, ocorrida na segunda-feira, ele comentou um pesadelo que sofreu no sábado à noite. Ele pensou que era como ter um "*panic*" na forma de um sonho: *atacavam-no martelando-lhe os tornozelos, não cravando pregos, mas apenas martelando seus pés; ele estava imobilizado. Ele percebia que iam matá-lo e acordou angustiado e gritando por socorro*. Ele o relacionou ao voo que fez com Franca no fim de semana. O avião se agitou muito e todos os passageiros ficaram aterrorizados. Parecia até que o avião tinha dificuldade em pousar porque, ao fazê-lo, era como se tivesse rebotado contra o chão. Ele só conseguiu se acalmar quando o avião aterrou e parou.

Supervisão clínica: apresentação

Apresenta-se o problema diagnóstico: centrá-lo no lado da histeria ou de uma estrutura psicótica; talvez seja um borderline? Há um elemento de neurose familiar ligado à manipulação, e o paciente manipula da mesma maneira que ele foi manipulado. Primeiro a mãe recomenda seu próprio analista e algum tempo depois o pai vai ver o analista! Podemos imaginar em que universo familiar o paciente viveu, o que ele pode ter introjetado como uma imago parental. O pai parece pensar: "Escute, eu conheço meu filho, ele é um grande farsante, um grande comediante. Estou muito inquieto porque tenho que cumprir meu papel de pai. Mas finalmente a psicanálise é teatro. O senhor é um bom diretor de teatro, ele é um bom comediante. Divirta-se, tchau". O paciente foi ver o analista: "porque o senhor ajudou muito minha irmã" porque a irmã tinha um filho morto no ventre. Portanto, a questão é se ele não tem um filho morto em seu psiquismo. Ele se apresenta dizendo "eu sou um somatizador".

Vimos que essas somatizações deixam o analista em um estado de perplexidade. Esse paciente reage ao conflito psíquico de duas maneiras: com a somatização e o *acting*. Devemos dizer que a somatização é um *acting in*, enquanto o *acting* é um *acting out*. A estrutura psíquica desse paciente está encurralada entre o somático e o real. A somatização desse paciente é diversa. O mesmo acontece com as histórias no real: os acidentes de carro, os conflitos com a realidade, com relação ao dinheiro, o comportamento de Don Juan. Trata-se um setor inteiro que é dominado pelo ato. Com essa dupla pressão, o que é que a psique pode organizar? Uma coisa é certa: o psiquismo está marcado pela violência e o conflito dominante, do ponto de vista psíquico, é o conflito entre atividade e passividade. Este paciente é incapaz de suportar a passividade. Com as somatizações, estamos enfrentando ansiedades hipocondríacas muito importantes, de caráter persecutório extremamente acentuado e com ideias obsessivas. São ideias de contaminação, de identificação com qualquer pessoa que possa apresentar um quadro de doença e que, de tempo em tempo, esse quadro pode se complicar com outro, que eu diria asmatiforme, como resultado de dificuldades respiratórias. Essa dificuldade em respirar existe permanentemente na angústia relacionada ao ar que ele respira.

Dizemos que estamos diante de uma neurose obsessiva quando o paciente toma medidas protetoras pela fobia de contato. No dia em que essas obsessões se transformam e envolvem coisas que se podem capturar pela respiração, não apenas pelo toque, podemos ter certeza de que há um ataque ao ego, porque se põe em causa mecanismos de projeção e de introjeção. A projeção não é a mesma quando se trata de projetar um conteúdo psíquico sobre outro ou quando se trata do que entrou no corpo clandestinamente ou por efracção. Essa patologia respiratória dramática é um sinal psíquico perturbador, porque o paciente parece estar dizendo ao analista: "Pare, fique longe. Não posso engolir o que me propõe!".

Considerando o outro polo, o *acting*, vemos que o paciente sofre acidentes importantes. Sintomas de acordar com hematomas ou inchaços, que não sabe de onde vêm. Eu sei de onde eles vêm: ele se bate enquanto dorme e o faz sob o pretexto da inconsciência do sonho. E o interessante é que isso não o acorda. Continua no sonho, gozando masoquisticamente, embora esse masoquismo não seja puro. O masoquista nunca arrisca sua vida, ele sofre, mas não vimos muitos masoquistas morrerem nesses rituais de sofrimento. Quando isso acontece, é acidental, não é algo que se deseja. A questão central é que o psiquismo é composto de uma pulsão marcada pela violência, que está relacionada com a incapacidade de tolerar a frustração que o paciente disfarça por meio da logorreia. Ele vive a situação analítica como uma efracção permanente, é por isso que faz efracção no banheiro do analista. E, naquele momento, o analista nos fala sobre um sintoma da infância: o *rocking*. E sabemos que as crianças que fazem *rocking* costumam se bater. Como se ele tivesse a necessidade de garantir a presença de um objeto materno, o contato com algo que lhe faz mal, mas pelo menos lhe dá a segurança de que existe. Melhor doer do que ficar no vácuo. A certa altura, quando ele é colocado em uma situação impossível por ter que pagar dinheiro pelo pai, surge uma viragem inaceitável nas relações geracionais.

Nesses momentos, ele gera esses episódios respiratórios. Ele está em uma situação de conflito intolerável e parece que não consegue dizer "não é a minha vez de pagar as dívidas do meu pai". É nesses momentos que os estados fóbicos aparecem, em um novo movimento. Em outras palavras, não é nem somatização nem *acting*, mas o psiquismo desencadeou esses estados de fobias graves. O analista fica impotente, não pode mais conter o paciente e dá-lhe medicamentos. Ele se recusou a aceitar a indicação do analista "pare um pouco para poder entender o que está acontecendo". Eu diria ao analista que, se ele pudesse parar, não haveria necessidade de análise.

É precisamente porque ele não suporta a passividade que se coloca nessas situações, porque as defesas contra a passividade o colocam em perigo. Nesse momento, a fobia é seguida do triunfo maníaco: "Eu caso, eu caso, eu caso. Realizo o meu complexo de Édipo, eu me caso com minha mãe". Isso é terror para ele, porque se ele se casar, ele se torna o filho morto. Então é preciso sair a qualquer preço, seja qual for o custo, antes dos 3 meses, e é isso que ele faz. Mas onde está o perigo? Está no consultório do psicanalista. É no consultório onde ele corre o risco de cair nas mãos da mãe que o sufoca, o afoga, o envenena, o aterroriza. Então: "Eu quero terminar, eu quero terminar". O analista teve acesso a algo assim: ele tinha a mãe atrás dele, o pai atrás dele, ele tinha insônia. O paciente lhe disse que ele dirige a 160 km/h pela estrada, se pergunta se eles vão ligar a qualquer momento para dizer que o paciente está morto. Ele fez o que pôde e depois diz "Bem, visto que o senhor quer".

As duas principais evasões do paciente estão no soma e no agir. O corpo é libidinal, o soma é outra coisa, é verdadeiramente a organização somática. Nele existe uma oscilação entre corpo e soma, o que significa que, assim que ele é sensível ao psíquico e à simbolização, assim foge do psíquico e ocorre uma des-simbolização.

Do mesmo modo, às vezes os atos têm um valor simbólico, como em Don Juan, e outras, um simples valor de descarga, com desprezo pela própria vida. No qual se vê que o masoquismo, no caso dele, não é totalmente erotizado, porque se ele corre o risco de morrer, não há muito por fazer nessa situação. Isso põe em questão nossas próprias concepções sobre o masoquismo. Podemos efetivamente conceber o masoquismo como erógeno e existe um masoquismo verdadeiramente mortífero. O problema é que há uma tentativa de arrastar o analista para a morte. Em outras palavras, esse tratamento não pode ser encarado sem o questionamento das carências do analista. Como afirma Winnicott: em certas curas, o analista é usado pelas suas carências. É isso o que acho que vamos escutar.

Sessão com Ricardo - quarta-feira, outubro de 1996

Chega pontual. Ao entrar, o analista vê que ele tem um fio de sangue na testa. Pensa se ele sofreu um acidente de carro ou uma briga. No entanto, com sua atitude ao andar, Ricardo não demonstra que tenha acontecido algo incomum com ele. Ao entrar no consultório pede para ir ao banheiro.

Uma vez no divã, ele diz que, no elevador, tirou uma espinha velha que tinha e sangrava, e foi por isso que pediu para ir ao banheiro para usar algodão ou papel higiênico. Em seguida, ele comenta que teve um sonho que lembrou o dia todo. Como resultado do sonho, ele lembrou que o analista de sua mãe, com quem se tratara alguns meses antes de me consultar, dissera-lhe que quando alguém se analisava, era notável que começasse a lembrar dos sonhos.

O sonho: *havia um quarto que dava para um jardim... que estava muito mais alto que o jardim... era uma coisa esquisita, não sei como explicar direito... e tinha bastante gente lá. Estava Franca (sua parceira atual) Francisco (um amigo íntimo), a irmã Ana Laura, não a que morrera. Estava Melina, com quem já tive um caso, que fazia acrobacias, e o sonho tinha a ver com isso... quem mais estava?... ah! Estava Nicolás (outro amigo dele), basicamente estavam essas pessoas.*

Estávamos naquele quarto e tínhamos que pular... tinha um poste muito comprido, como de 300 metros de altura e esse pau tinha uma espécie de corda. O teste que tínhamos que fazer consistia em segurar a corda desse poste e fazer alguns movimentos acrobáticos, sempre segurando a corda. Para cima, para baixo, sempre fazendo figuras... e depois nós jogávamos em uma piscina que estava abaixo do jardim. Ao redor da piscina estava cheio de mesas com pessoas comendo, como se fosse uma festa à noite. Quem primeiro o fazia era eu e estávamos nos dando confiança... Bem, força! E os comensais que estavam no jardim nos qualificavam, como nos Jogos Olímpicos, e davam pontuações aos saltos, às piruetas... aos exercícios que cada um fazia. Era uma situação prazerosa porque eu subia e descia e fazia piruetas... fazendo exercícios com movimentos bastante artísticos e em um momento em que tenho que fazer a descida até a piscina, varro uma das mesas onde havia pessoas sentadas... Passo segurando a corda e esbarro na toalha, nos pratos e faço uma espécie de nó depois de toda a bagunça que fiz e caio como se estivesse em pé na piscina. E fico lá... não quero sair da piscina para saber a pontuação que eles me deram, por causa do ridículo que fiz. Acho que tinha mais alguma coisa, não sei se o sonho terminou aí ou não. A sensação de voar ou o exercício era como tê-lo bastante controlado e era prazeroso, uma sensação como se eu estivesse patinando. Não era como se estivesse descendo e indo para o inferno, não. E então aquele constrangimento, como se fosse Superman rente à mesa, carregando a toalha de mesa com a louça e tudo mais.

Depois de relatar o sonho, o paciente comenta que poderia ter sido "um pesadelo leve" porque acordara sobressaltado.

O analista vincula o soltar a corda com o fato deles terem falado sobre a conclusão da análise, fato que, de acordo com essa perspectiva, parecia uma ridiculização, porque a descida ao estilo Superman o deixava *malparado*. Como ele tinha comentado na sessão anterior, sobre a viagem em que "as últimas aterragens não resultaram muito boas". Ricardo reconheceu que não tinha tudo sob controle, como esperava, e o analista lhe lembra do sentimento de Superman que ele tivera quando os ataques de pânico acabaram, motivo pelo qual ele propusera imediatamente terminar o tratamento.

O paciente disse que a versão Superman envolvia jogar de Super-herói, "voando aqui e ali carregando dois em cada braço", salvando-as do terremoto, mas parecia-lhe que estava ficando sem Kryptonita, pois sentia que não tinha conseguido conter o pai, as irmãs e, acima de tudo, a angústia da mãe diante de um próximo exame médico.

Ele comenta que, por pedido de sua irmã mais velha, que o chamou angustiada e chorando, teve que responder a uma carta que ela tinha recebido devido à falência de uma sociedade que tinha com o ex-marido. Fato que se adicionava a uma ação judicial de um funcionário que tinha sido demitido antes de ir à falência. Ricardo pediu à irmã que não contasse nada ao pai, embora a mãe e a outra irmã já soubessem da situação. Nesse sentido, eu pensei que o fato de ocultar informações ao pai, de certo modo, era uma forma de protegê-lo. Embora fosse assim que ele se sentia como Superman, suportando os problemas da família. Ele então comenta que almoçou com o pai e outro profissional, que trabalha muito, e propôs que eles unificassem os escritórios. O pai rejeitou a proposta sem rodeios e ele disse, contrariando-o, que queria fazê-lo a médio ou longo prazo, já que a parceria com o pai lhe tirava forças e vontade de assumir coisas novas.

O analista relaciona isso ao pedido inicial de um pouco de algodão ou papel para limpar o sangue, pois tratava-se de remover algo que ele tinha há muitos anos, que aparentemente tinha um custo de sangue. Ricardo se sentia assustado pela ideia de se separar do pai e tomar direções diferentes, mas ele sabia que seria profissional e comercialmente benéfico.

O analista interpreta que naquele momento existia um elo entre a situação da análise e seu momento vital, pois se tratava de separar-se do velho para seguir seu próprio rumo. O paciente entendia que ser Superman não era o seu lugar, mas tinha muita dificuldade em dar limites a si próprio e a sua família. Ele achava que a família o tinha colocado naquele lugar dizendo "Isto é para você, Superman". Ele sentia que se virava melhor do que as irmãs, pois estava bem economicamente, porém suas irmãs não.

No final da sessão, ele faz um comentário sobre seu sentimento de culpa, porque todos teriam que segurar uma teta da vaca, mas acontecia que ele era quem tinha a parceria com o pai. Um comentário final do analista assinalava que ele sentia que estava tomando todo o leite sozinho.

No final da sessão, Ricardo diz que não poderá comparecer à sessão no dia seguinte porque teria uma atividade profissional inadiável.

Paciente e analista se despediram.

Supervisão clínica: discussão

O paciente confirma absolutamente a hipótese que apresentei sobre a neurose familiar, em que é ele quem deve resolver os problemas dos outros. Vou fazer um comentário muito pessimista, vou dizer que esta sessão não ocorreu. O paciente tomou suas precauções antes da sessão, encenou sua fantasia de libertação de algo que o mantém preso no corpo de outro ou de algo que está no interior do próprio corpo e que ele deve expulsar. Foi o que ele fez apertando a espinha e depois pediu ao analista para ir ao banheiro. "Precisava de um pouco de algodão ou papel higiênico. O que você expulsou? O sangue menstrual de uma mulher ou merda. Se não escutarem em detalhe o que lhes dizem, perdem o tesouro da análise". E isto que foi dito fora da sessão, em pé, mostra que a sessão foi objeto de um processo de expulsão. Ele que é um somatizador, que sofre de todo tipo de coisas em seu corpo, não o tem mais; seu corpo sumiu da sessão. A prova é que a sessão ocorre em duas cenas: a cena do sonho e a cena dos eventos relatados por ele. No sonho, não tem corpo, voa, é onipotência absoluta.

Na segunda parte, onde ele conta os eventos, ele não tem mais um corpo. Mas quais são os eventos do dia anterior? Apenas questões de dinheiro. Então, entendemos por que ele precisava de papel higiênico, pois o paciente destaca a enorme importância da analidade. A questão é saber como analisá-lo, porque a analidade é algo que põe em questão vários registros. Diz respeito à passividade dele, à feminilidade, mas também ao objeto morto que ele carrega dentro de si.

Também ao desejo de controle e à importância da dissimulação na analidade. Analidade é o que é feito por trás, escondendo-o. E isso também diz respeito ao problema do poder na analidade, o problema do controle. Então vemos que esse paciente, de quem nos dizem que passará a vida entre a vida e a morte, por causa de sua somatização ou de seus atos, tem a situação perfeitamente na mão. Além disso, é ele quem substitui o pai. Portanto, existem duas coisas importantes: a primeira, analisada pelo analista, que diz respeito à necessidade de se separar do pai para ter sua própria empresa independente. Mas o mais importante está na expressão metafórica no final da sessão, que o identifica com uma vaca que é obrigada a alimentar todas as crianças. Também tem que se separar disso. Seja a fantasia da criança apegada à teta da vaca ou a identificação com a vaca, aquele que deve alimentar todos. E ele o diz no final: "Eu tenho dinheiro e minhas irmãs não têm nada".

Essa frase final é a que nos mostra que é uma sessão que é uma não-sessão. A sessão mostra uma sucessão de movimentos: Abertura é a história da espinha, qual é a sua primeira associação? A lembrança de algo que um analista lhe disse, que a primeira coisa que acontece em uma análise é que os sonhos começam a ser lembrados. E isso lhe deu raiva, por quê? Porque o analista lhe deu uma interpretação selvagem. Disse-lhe: "Sem-vergonha, você gosta de reter sonhos em sua barriga como a merda, enquanto vem aqui para me dar esses sonhos". E ele diz "aqui venho eu com um sonho" e conta isso. Nesse sonho, como já foi dito, há muitas pessoas.

Dá detalhes, "é este... não é aquele". E há uma alusão a um morto "Ana Laura, não a que está morta. E Melina, com quem me deitei". Os personagens do sonho são usados como meras figuras e têm uma função de representação simbólica mínima. O que é essa dramatização do sonho. Para mim, a questão de Superman não é muito importante, mas o que é preciso dizer é que no sonho vê-se a defesa contra a passividade, o oposto do sonho em que ele está imobilizado porque lhe quebram as pernas. É uma maneira de negar a angústia de castração. Uma maneira de negar o sadismo e seu reverso masoquista. É uma maneira de negar o seu sentimento de paralisia. E esse sentimento de paralisia é usado porque irão matá-lo. E é claro que se trata da transferência, e foi assim que a sessão começou: "Eu mando o analista anterior para o inferno, eu me lembro de um sonho e é este. Mando para o inferno o analista que me quer quebrar as pernas. Não tenho corpo e me desloco pendurado de uma corda". Não pensei em Superman ou Batman, provavelmente porque pensei na minha própria infância; pensei em Tarzan. O importante é que seja um sonho de cena primária.

É uma festa noturna, o que acontece e o que pensamos com esses deslocamentos segurando a corda: no *rocking* da criança. O sentimento de solidão e desamparo da criança é substituído pela onipotência, na qual encontra coragem. É como as Olimpíadas. Existe sua introjeção onipotente, que lhe permite acreditar que ele pode levantar todos os pratos. Isso significa que ele impede que todos comam e ele é o único que come. Isso anuncia a imagem da vaca cheia de leite.

Ele monopolizou a mãe nutrícia em seu benefício e depois percebeu que estava fazendo bagunça e caiu na piscina. Ele tem dúvidas se o sonho terminou ou não, mas tem uma sensação muito importante de bem-estar. Uma sensação de que ele estava patinando, mais uma vez uma alusão ao sonho em que suas pernas são quebradas. Este é um paciente muito esperto, ele chama de pesadelo *light* [como a Coca *light*] e depois diz "como se fosse um sonho de teste". A prova é a que deseja dar ao seu analista de que não o precisa: ele voa. Por que ficar nas sessões removendo angústias.

Existe outro movimento, as mulheres: a namorada, as namoradas anteriores; e o analista interpreta o sentimento de onipotência em relação à questão do término. A questão é se não se pode dizer, no entanto, que esse imenso prazer que ele encontra no sonho se deve a um sentimento de inquietação com a possibilidade de voltar se a análise continuar. Uma coisa é extremamente importante neste material, que ilustra as ideias de Winnicott: o paciente tem medo de que, se soltar a corda, não haja ninguém para recebê-lo. É a ideia de *holding*, de *Winnicott*, que é colocada em preto no branco. E é isso que o analista deveria ter dito a ele: "Se soltar a corda, tem medo, não tanto de cair na piscina, mas em um vazio sem fim. Então, eu sou inútil, não estando aqui para sustentá-lo".

O analista interpreta a sensação de alívio quando os ataques de pânico desapareceram e eu concordo muito com essa interpretação. Que ele estava tão feliz que ele pensou que era Superman. Mas tenha cuidado, atenção, quem na cabeça do paciente suprimiu os ataques de pânico: o remédio ou o analista? Para ele, é o remédio, para colocar o analista em um estado de impotência, que é seu. Faz perguntas sobre a Kryptonita e o Krypton. Até agora estávamos no registro fantasmático. O Krypton é a cripta, a cripta inconsciente. É a pedra que, se o analista a possui, o faz perder todo o poder que ele tem de negação onipotente. Então a sessão seria dividida em quatro: 1) a pré-sessão, 2) o início da sessão com o sonho, 3) as fantasias em relação à análise do sonho e 4) agora começa a passagem para o real. Ele não quer continuar olhando para esse lado e, por vinte minutos, atualizará o analista sobre suas transações financeiras. Mas, de que se trata? Trata-se de um pequeno funcionário que fez uma reivindicação, que ameaçou entrar com um processo e todos ficaram com medo.

Eles disseram "vamos resolver isso" e ele foi quem fez isso. O que ele não pode levar à análise é o processo que ele próprio iniciou. Ele é quem pede a reparação, só que ninguém pode dar-lhe isso. Porque vemos que o pai está novamente em curto-circuito, e que a mãe e a irmã o incluem escondendo algo ao pai, porque o pai não está disposto a fazer as coisas. Ele coloca o filho na posição de Superman. Dizem para ele: "Papai não vale nada, só você pode fazer alguma coisa". Embora ele tenha uma importante atividade de renegação importante, ele sabe que é uma criança impotente e angustiada. E é por isso que a sessão termina no medo de se separar do pai, porque o pai, de algum modo, oferece um apoio. É uma madeira podre, mas a ideia de se encontrar sozinho com essas três mulheres não resulta agradável. E, de fato, era muito difícil para ele estabelecer limites, mesmo para si mesmo. A importância da analidade reaparece, ele fala sobre a bagunça financeira e das merdas que sua irmã faz. Vemos que a analidade tem um papel em relação às angústias invasivas causadas pela mãe e pelas irmãs; o papel de um limite.

Meus comentários sobre as supervisões de ambos os casos

A transcrição das duas supervisões me permitiu voltar a entrar em contato com meus sentimentos em relação ao material de ambos os pacientes com a leitura e análise de André Green sobre o material.

Muitos anos se passaram e, obviamente, não sou o mesmo analista daquela época. No entanto, em contato com as sessões, evoquei o esforço que significou para mim, tanto o tratamento da Sra. M. quanto o de Ricardo.

Em certo sentido, os problemas de ambos possuíam pontos em comum. Refiro-me ao tipo de funcionamento psíquico, como mencionei quando fiz a apresentação da Sra. M., no início da supervisão.

Das intervenções do Dr. Green, quero destacar o valor do diagnóstico e da abordagem da neurose familiar dos dois pacientes. As categorias psicanalíticas, como falo, castração, analidade ou feminização, na leitura do material, e a importância do vínculo transferencial com o analista.

Uma menção especial merece o fato de ter localizado aspectos mortos na vida psíquica dos dois pacientes, uma vez que estão alinhados com a sua teorização sobre a pulsão de morte e com seu trabalho "A mãe morta" em particular.

Deste modo, como introdução à "Clínica psicanalítica em debate", parece apropriado destacar duas questões que emergem da intervenção de André Green na supervisão de Ricardo: a) Quando uma sessão acontece? e b) em função de que intervenções do analista fica estabelecida?

SEGUNDA PARTE

A clínica psicanalítica em debate

Como acabei de antecipar, nesta segunda parte do livro estou interessado em abrir um debate sobre a eficácia clínica da psicanálise. Para isso, pareceu-me oportuno oferecer ao leitor uma série de escritos que contribuem para esse objetivo. O primeiro, "Estudo sobre o conceito de *agieren*", continua as supervisões do capítulo anterior, uma vez que um setor da produção de André Green ocupou o centro da minha pesquisa. Não tenho dúvidas de que o conceito de *agieren* faça parte do fundamento da teoria da técnica de Freud. Por essa razão, eu queria realizar uma exploração conceitual usando os escritos alemães nos quais Freud a menciona. Minha ideia foi correlacionar a *Standart Edition*, em inglês, com a coleção *Amorrortu Editores*, em espanhol. Depois de findar a revisão bibliográfica, descobri, insolitamente, que poderia ter corrido um deslize do termo.

A coleção da *Standart Edition* traduziu esse vocábulo sistematicamente como *act out*; no sentido do *acting out*, perdendo assim o caráter de pantomima cênica, como foi a proposta freudiana original.

Perguntei-me por que poderia ter acontecido esse deslocamento. Minha hipótese é que isso poderia ter acontecido porque em inglês *to act* tem pelo menos dois significados: uma encenação teatral e um ato motor. Se minha conclusão estivesse correta, e penso que sim, as consequências para a psicanálise seriam enormes. Em princípio, porque a leitura do trabalho de Freud em inglês tem sido uma referência para a formação de psicanalistas na Europa e nos Estados Unidos. E não é um fato menor que André Green, o autor mais citado na bibliografia pelos analistas da Associação Internacional de Psicanálise (IPA) depois de Freud, também use o termo como ato sem representação em seus escritos.

Estudo sobre o conceito de *agieren*[1]

Uma breve introdução

Este estudo tenta oferecer uma exploração conceitual de um termo que, na minha opinião, faz parte dos fundamentos da Obra freudiana, com implicações significativas para a teoria e clínica psicanalítica.

Dois esclarecimentos antes da leitura:

> - *Mesmo sob o risco de resultar tedioso para o leitor, decidi reproduzir parágrafos textuais com um certo comprimento, considerando que as ideias de um autor adquirem pleno significado no contexto em que são mencionadas.*

1 Uma versão resumida deste trabalho foi publicada sob o mesmo título na Revista de Psicanálise, nº3, Volume LXVII. 2010. Buenos Aires e na Revista da Sociedade Colombiana de Psicanálise. Vol. 43. Nro. 1. Junho de 2018. Bogotá. Colômbia.

> *- Além disso, pareceu-me prudente que as referências em inglês estivessem no idioma original porque quis respeitar, o máximo possível, a literalidade da contribuição em cada caso.*

Por fim, a elaboração deste estudo tenta abrigar a atual controvérsia sobre como considerar o surgimento do inconsciente na clínica psicanalítica.

Efeito de um diálogo imaginário com André Green

Reconheço que um estímulo central para a realização deste estudo foi o impacto que tive ao ler o capítulo 5 do livro *Organizações fronteiriças, fronteiras da psicanálise* organizado por Lerner e Sternbach, cujo autor é o Dr. André Green (2007). Seu título, "De que se trata?" Corresponde à transcrição de uma conferência oferecida em Milão após o 42º Congresso da Associação Psicanalítica Internacional, realizada em Nice em 2001.

Sobre a questão com a qual ele começou seu trabalho, Green disse o seguinte:

> *Suponho que seja uma pergunta estranha para servir como título para o nosso encontro, como se estivéssemos nos reunindo novamente em 1900, um século atrás, para apresentar a recente descoberta de um estudioso vienense, Sigmund Freud. (2007, p. 115).*

Mais tarde, ele esclareceu que sua abordagem era a consequência de ver o pensamento psicanalítico em um estado de perplexidade, motivo pelo qual considerou como sair dessa situação.

Depois de fazer uma exposição medular sobre os fundamentos da psicanálise na parte central de sua apresentação, foram as frases finais que me causaram maior impacto:

> *Conseguimos chegar à lua, decifrar o código genético, descobrir um canto do mistério em relação ao infinitamente grande e ao infinitamente pequeno. E, no entanto, continuamos sendo misteriosos desconhecidos para nós mesmos, aquilo diante do qual a experiência psicanalítica nos coloca o tempo todo. E enquanto refletimos, em nossa cadeira ouvindo os pacientes ou em nossa mesa de trabalho para preparar uma conferência, continuamos nos perguntando: "De que se trata?" (GREEN, 2007, p. 135, grifos meus).*

Eu me perguntava repetidamente por que um analista da importância de André Green encerrou sua apresentação com a mesma pergunta com a qual começara. Então, não resultavam suficientes para explicar a questão colocada, os seus próprios desenvolvimentos teóricos e os que citara de outros autores psicanalíticos? [2]

De que se trata? A frase inquietante de Green, no início e no final de sua apresentação, teve em mim o efeito de um chamamento que culminou na realização deste estudo.

2 Na minha opinião, Freud nos dá uma ideia de como ele considerou uma resposta a esse argumento: *E assim, a análise faz com que o ego desenvolvido e fortalecido realize uma revisão desses antigos recalques (...) Estes novos diques têm uma consistência totalmente diferente dos anteriores; vale confiar em que não irão ceder tão fácil à preamar do acrescentamento das pulsões. A retificação com posterioridade [Nachträglich] do processo de recalcamento originário, a que limita o hiperpoder do fator quantitativo, seria então a operação genuína da terapia analítica (FREUD, 1937/1991a, p. 230).*

Freud e Green parecem não concordarsobre o conceito de agieren

Interessado em sua produção, entrei em contato com obras de André Green publicadas em revistas psicanalíticas nos últimos quinze anos e com artigos publicados em livros mais antigos.

Não tenho dúvida de que compartilho com ele um entusiasmo apaixonado pelos textos freudianos:

> *Sabemos que hoje é comum ouvir que a metapsicologia freudiana serve apenas para jogar ao cesto e que apenas sua clínica é válida. No entanto, acontece-me que, pela trigésima vez, relendo alguns trabalhos de Freud, tenho a impressão de ainda aprender alguma coisa; enquanto, mesmo dez anos depois de publicados, artigos de nossas melhores revistas psicanalíticas se tornam ilegíveis e antiquados (GREEN, 1993, p. 713).*

Nesse mesmo artigo, no qual ele comenta a apresentação de Theodore Jacobs publicada no International Journal of Psyanalysis de 1991: *Fifteen Clinical Accounts of Psychoanalysis* (72, Parte 2), faz uma afirmação que estou interessado em mencionar literalmente:

> *A maneira como meu paciente influencia meu psiquismo é da ordem das representações de todo ordem que ela induza em mim. A maneira como minhas interpretações o afetam reside nas representações que nele geram. O ato não ocorre na sessão analítica, nem do lado do analisan-*

> *do, nem do lado do analista. Portanto, os modelos baseados na referência à ação ("inter-ação", "trans-ação") representam menos um progresso do que um desvio perigoso". (GREEN, 1993, p. 714, grifos do autor).*

O tema do ato, pelo que pude localizar em sua bibliografia, já era do interesse de Green com antecedência. No artigo *Pensar a epistemologia da prática*, apresentado no Congresso de Psicanálise de Língua Francesa dos Países das Línguas Românicas, em 1990, ele afirmou no final: "Essa é a única demanda do analista diante dos pacientes: Diga tudo o que lhe vier à cabeça sem reter nada e sem tentar controlá-lo. Mas esteja contente em dizê-lo, sem agir. É chamada apropriadamente: regra fundamental" (GREEN, 1996. p. 378-379, grifos do autor).

Nesse ponto de minha exploração, eu estava suficientemente convicto de que o ponto sobre o qual as propostas e os comentários de André Green giravam estava ligado ao conceito de *agieren*.

No entanto, Green vai expressar sua concepção do termo com total clareza na entrevista que Fernando Uribarri lhe realizou sobre o tema *A representação e o irrepresentável* (1998-1999):

> *Do que se trata neste momento é de um novo modelo definido pela problemática "Pulsão / descarga ou elaboração representativa". A representação é apenas um resultado possível, cujas possibilidades não garantem nada. É que este modelo tenta explicar o fracasso da palavra, da representação, da interpretação diante da pulsão repetitiva mortífera, "agieren" (ato).* ***O irrepresentável constitui uma referência essencial desse modelo, em***

> ***que o ato (agieren) substitui o paradigma que o sonho possuía no modelo anterior.*** *(...) Então Freud começará a pensar em neurose em relação à psicose: não se trata mais apenas de repressão, mas de destruição do pensamento (grifos do autor).*

Neste ponto do estudo, pensei ter vislumbrado que Freud e Green não concordavam sobre o conceito de *agieren*.

Essa impressão tomou forma com maior intensidade com a leitura de dois parágrafos de uma de suas apresentações recentes.

Trata-se da *Repetition, compulsion and the pleasure principle* (GREEN, 2007). O primeiro deles aparece no início de sua exposição:

> *One of the aspects of this mutant paper is that it forces Freud to give up his excessive confidence in remembering. We understand today that complete remembering is in fact impossible.* ***No patient can truly remember all the incidences and consequences of an event*** *(p. 1, grifos do autor).*

Lembrar de todos os incidentes e consequências de um evento, como o comentário de Green menciona, não coincide, na minha opinião, com a ideia que Freud tentou colocar e transmitir.

Nesse sentido, vou transcrever dois parágrafos em particular:

a) "Acrescenta-se a isso o apagamento universal das impressões, essa palidez das lembranças que chamamos de 'esquecimento' e que, acima de tudo, desgasta representações que já são afetivamente ineficazes" (FREUD, 1893/1992b, p. 35)

b) "Parece como se a dificuldade para a tramitação, a impossibilidade de transformar uma impressão atual em uma lembrança sem potência, dependesse precisamente do caráter do inconsciente psíquico" (FREUD, 1896/1991d, p. 216).

As lembranças conscientes ficam "sem potência", o que significa que elas perdem eficácia e se desgastam com o tempo. Em vez disso, são as lembranças reprimidas as que mantêm a eficácia psíquica, daí a noção de atemporalidade do inconsciente. Elas externalizam seu efeito em uma ocasião atual no estado inconsciente, porque nunca foram literalmente esquecidas. No entanto, é o segundo parágrafo do trabalho de Green (2007) que me parece o mais significativo para comentar:

> *The patient, who has been informed about the fundamental rule, in spite of eventful history and a long story of illness pretends that he has nothing to say: He is silent and declares that nothing occurs to him. I do not believe as Freud does that this can be taken as a mere repetition of a homosexual attitude towards the analyst, which is used as a resistence. I am struck by the fact that what Freud describes here has also been found by the Paris Psychosomatic School with psychosomatic patients who suffer from limitations in their mental funtioning. It seems that we are facing the same situation: a temporary defect of psychic functioning (grifos meus).*[3]

3 "Não acredito, como Freud, que isso possa ser considerado como uma simples repetição de uma atitude homossexual dirigida para o analista, que é usada como uma resistência. Fico impressionado pelo fato de que o que Freud descreve aqui também foi achado pela Escola Psicossomática de Paris, com pacientes psicossomáticos que sofrem de limitações em seu funcionamento mental. Parece que estamos diante da mesma situação: um defeito temporário do funcionamento psíquico".

De fato, Freud neste artigo comenta as diferentes configurações clínicas sob as quais aparecem certos episódios significativos que os pacientes não lembram e, em vez disso, reproduzem com o médico:

Os pacientes não se lembram de serem incrédulos ou desafiadores diante da autoridade dos pais, mas se comportam dessa maneira em relação ao analista.

Eles não se lembram de terem ficado desconcertados diante da investigação sexual infantil, mas trazem sonhos confusos.

Eles não se lembram de se sentirem envergonhados por uma certa exploração sexual da infância e, em vez disso, têm vergonha de ter iniciado o tratamento, e preferem manter escondido o que estão fazendo.

A partir do qual o texto diz o seguinte:

> *Em particular, ele inicia a cura com uma repetição assim. Muitas vezes, depois de comunicar a um certo paciente com uma biografia variada e uma longa história clínica a regra fundamental da psicanálise, e depois exortá-lo a dizer tudo o que lhe ocorra, espera-se que suas comunicações fluam em torrente, mas ele experimenta, a princípio, que não sabe dizer nada. Ele fica calado e afirma que nada lhe ocorre.*
>
> *Porém, esta é a repetição de uma atitude homossexual que se destaca como resistência a lembrar. E durante o período em que permaneça em tratamento, o paciente*

> *não se libertará dessa compulsão à repetição; finalmente entende-se que este é o seu modo de lembrar (Freud, 1914/1992i; p. 152, grifos meus)..*

Green, aparentemente, não acredita que esse tipo de repetição deva ser entendido, como propõe Freud, como uma simples atitude homossexual em relação ao analista, ao serviço de uma resistência. Em vez disso, ele a coloca como uma falha no pensamento; daí a relação que estabelece com as descobertas da Escola Psicossomática de Paris: um defeito temporário no funcionamento psíquico; um branco na mente.

Vale a pena perguntar por que a cena configurada é considerada por Freud uma *repetição em ato* por parte do paciente, portanto "seu modo de lembrar".

Meu modo de entender seu pensamento e, portanto, a noção de *agieren* é a seguinte: a cena em questão é configurada quando o analista informa ao paciente da regra fundamental, que ele parece ouvir como: "abra-se e entregue tudo". O paciente se "fecha" ao responder com uma defesa anal diante do senso inconsciente de entrega homossexual ao pai edipiano; consequentemente "nada lhe ocorre". De fato, se o analista abordasse o silêncio fazendo perguntas, estimulado pelo "fechamento" mental, o "penetraria" ativamente em cada uma delas. Dessa maneira, a cena homossexual ficaria realizada, temida e talvez inconscientemente desejada pelo paciente.

Sustento a explicação que acabamos de apresentar, considerando que o referencial teórico a partir do qual Freud faz a afirmação apontada corresponde ao lado negativo do complexo de Édipo do homem do exemplo; complexo que tinha para ele caráter universal.

Esse é, na minha opinião, o núcleo conceitual que Freud tenta nos transmitir com a noção de *agieren*, um termo que em espanhol definimos como *encenação do inconsciente*. Assim, uma controvérsia, ainda não totalmente resolvida, sobre o significado e o valor de *agieren* para a teoria e a clínica psicanalíticas permaneceria aberta.

Por um lado, o agido seriam lembranças representadas. Não lembradas, nem espontaneamente lembráveis pelo paciente por estarem em estado inconsciente. Seriam caracterizadas *pela ação*, principalmente em relação ao analista. O *agieren* em sessão pode, portanto, ser considerado um efeito do dispositivo analítico.

Por outro lado, se refere ao irrepresentável. Patrimônio da pulsão de morte que explicaria o fracasso da representação e da palavra.

Seria então apropriado considerar o *agieren* como um sinal do funcionamento psíquico defeituoso porque "não é mais simplesmente uma questão de repressão, mas de destruição do pensamento" (GREEN, 2007).

Estudo sobre o conceito de AGIEREN[4]

Fui professor de técnica psicanalítica freudiana por muitos anos e transmiti a noção de *agieren*, como afirmei nos parágrafos anteriores.

---

4 Desejo expressar meu agradecimento a todos os que me ajudaram na elaboração deste Estudo. Aos meus colegas, os Drs. Simón Deligdisch (APdeBA) e Juan Carlos Weissmann (APA), de quem obtive a tradução das referências da G.W. e ao bibliotecário da Associação Psicanalítica Argentina, Diego Baracat.

Isso me condicionou a que me tornasse distante, e até certo ponto contraditório, considerá-lo um ato motor subsidiário do não representado.

Diante dessa versão dupla do termo, decidi localizar os textos nos quais Freud usa o termo *agieren* no idioma original, para compará-los posteriormente com a tradução da *Standard Edition* (SE) e a coleção de *Amorrortu Editores* (AE).

Guiava-me um certo desconforto intuitivo que, como estímulo, me ajudou a iniciar a pesquisa bibliográfica.

Assim, pude entrar em contato com o termo *agieren*, que aparece na página 13 da *Gesamtregister*[5] correspondente ao volume XVIII da *Gesammelte Werke*, cujas referências são as seguintes: [6]

Agieren (s.a. Affektausdruck; Mimik, Pantomimik)	=	*Agir: (ver também Expressão afetiva, Mímica, Pantomima).*
statt Erinnern: (s.a. Wiederholungszwang), V 283; X 129; XVII 101, 103	=	*em lugar de Recordar (ver também Compulsão à Repetição).*
Kampf in der Analyse: (.i.d. Übertragung), gegen d., VIII 374; XIII 19f., XIV 258	=	*Luta na Análise (.i.d. Transferencia), contra a.*
in der Mordtat an Moses, XVI 195	=	*no Assassínio de Moisés.*

5 Contém o Índice alfabético de matérias, como ocorre com o volume 24 da SE e de AE.

6 As correlações com os textos da SE e AE figuram como Apêndice para evitar ao leitor a aridez que implica toda revisão bibliográfica e permitir a leitura fluida do corpo central do trabalho.

Algumas conclusões, depois da revisão bibliográfica

1- Freud identifica a pantomima, implícita no *agieren*, como um modo primitivo de representação teatral ligada à mímica da representação. Ao mesmo tempo, considera esta última como uma maneira de expressar o conteúdo da representação para os propósitos da comunicação, o que se acrescenta ao efeito que os processos psíquicos têm secundariamente sobre o corporal.

2- O conteúdo do que é repetido compulsivamente seriam lembranças que não podem ser lembradas por estarem em estado inconsciente. É por isso que eles mantêm sua eficácia, permitindo assim a noção de atemporalidade do inconsciente

3- Haveria uma relação solidária entre o trabalho analítico sobre a repressão e o surgimento das compulsões repetitivas concebida como *encenação do inconsciente.*

4- O que será encenado (*agieren*) frente a nós e conosco envolverá a externalização forçada do recalcado ("a manifestação do poder do recalcado" na versão da SE).

A compulsão à repetição é uma parte essencial do processo analítico e trabalhamos para enfrentá-la!

Duas hipóteses sobre o motivo da existência de mais de uma versão sobre o conceito de agieren

Hipótese 1: Trata-se de um deslocamento de sentido, consequência da tradução da Obra Freudiana para o inglês? Não há dúvida de que o modo em que André Green entende o *Agieren* corresponde a uma postulação básica da psicanálise. A partir do Projeto para uma psicologia científica (FREUD, 1950[1895]/1992f), o psíquico aparece no pensamento de Freud mediando entre a recepção de um estímulo, externo ou interno e a descarga motora. Então, não é de surpreender que Green vincule o *agieren* à "psique primitiva" (GREEN, 1998-1999); daí o "branco mental" ou "a destruição do pensamento".

Por sua vez, a produção teórica e psicopatológica que possui como centro o *acting* out também se sustenta nesta perspectiva.

Agora, quero salientar que o agir (*agieren*), devido às correlações feitas entre as coleções *Amorrortu Editores e Standart Edition*, é sistematicamente mencionada em inglês *act out* (outras vezes inclusive *acted* out ou *acting out*).Não é improvável que tenha ocorrido um deslocamento conceitual, dado que o significado de *act out* em inglês, como encenação (pantomima), poderia ter sido substituído pelo de *acting out*, ato motor impulsivo.

Guiado por essa suposição, consultei dois dicionários:

a) The Oxford Sapanish Dictionary

> *it o. Representar. She ≈ ed out what she had seen. Fez uma demonstração do que tinha visto. The drama was ≈ ed before our eyes. A tragédia aconteceu or desenvolveu-se diante de nosso olhar.*

b) The Free Dictionary, by Farlex. (Dicionário on-line)

To act out

1. a. To perform in or as if in a play; represent dramatically: act out a story.

b. To realize in action: wanted to act out his theory.

2. To express (unconscious impulses, for example) in an overt manner without conscious understanding or regard for social appropriateness.

No primeiro deles, *act out* envolve encenar dramaticamente ou realizar uma história em ação. De acordo com o ponto 2 do Dicionário on-line, *act out* supõe a expressão de um impulso inconsciente, de maneira exagerada, sem entendimento consciente ou cuidado com a relevância social de tal ação.

Como parece então, em relação à controvérsia conceitual que mencionei anteriormente, ambos os sentidos seriam abordados no *act out*.

No entanto, tenho a impressão de que a proposta de Freud por meio de *agieren* tendia a enfatizar o primeiro dos sentidos: *o paciente representa dramaticamente em sessão com o analista uma cena inconsciente; essa é sua maneira de lembrar.*

Hipótese 2: Teremos feito um repúdio do sujeito existente nas descobertas iniciais?

As primeiras descobertas etiopatogênicas, que deslumbraram Freud e que mais tarde ele tentou resolver por meio da técnica analítica, remontam ao que acontecia aos pacientes tratados por hipnose. Em transe hipnótico, levados pelo hipnotizador a se lembrarem do momento em que a situação traumática ocorreu, os pacientes reagiam emocionalmente de maneira bombástica, expressando aquilo que não tinham conseguido fazer naquele momento.

Os pacientes faziam uma descarga catártica, como se estivessem na cena original, a partir da qual alcançavam uma resolução sintomática transitória.

Embora Freud tenha explicado a produção sintomática a partir de uma perspectiva econômica (afeto retido, que não podia ser *ab-reagido* no momento apropriado), também era verdade que se tratava do surgimento de um sujeito que tinha permanecido, sob *spaltung*, em estado inconsciente: humilhado, com desejos de vingança, erotizado, ciumento etc.

O agieren, *como encenação do inconsciente, retorna pelo* enacment?

Ao ler as publicações dos dois últimos congressos da IPA, evoquei a frase de André Green: é provável que estejamos novamente em 1900, considerando a recente descoberta de um estudioso vienense, Sigmund Freud. A Revista de Psicanálise da Associação Psicanalítica de Madri, número 50 de 2007, foi dedicada ao *Agieren* e incluiu os trabalhos pré-publicados do 45º Congresso da IPA sobre o texto freudiano *Recordar, repetir e elaborar.* Em sua apresentação, Gabriel Sapisochin se dedica à investigação

> *da encenação (*Agieren*) do posicionamento contratransferencial inconsciente no analista. Seria o ponto de partida de um trabalho de elaboração a posteriori (*Nachträglich*) que permite ao analista recuperar uma terceira posição a partir da qual descrever, com um pensamento verbal, as diferentes posições identificadoras da dupla no cenário analítico (2007).*

Mais tarde, coincidindo com a minha exploração, ele menciona:

> *"Penso que a opção de traduzir o* Agieren *freudiano por encenação, ao invés de acting-out, tem certas vantagens. Por um lado, para retirar a supersaturação do significado patologizante que adquiriu na literatura psicanalítica, fazendo uso extensivo do termo* acting-out *para descrever comportamentos psicopáticos impulsivos fora do setting analítico, orientadas mais à evacuação do que à elaboração" (Sapisochin, 2007)*

Por outro lado, porque *Agieren* não se refere ao desempenho motor, nem dentro nem fora da sessão analítica, mas sim a um movimento da psique tendendo a representar, não pela palavra, mas pelo que chamo de *representação cênica coproduzida pela dupla analítica.*

Também Carlos Alberto Paz, em *Do Agieren* ao *Enactment, um século de mudanças e avanços na mesma Revista*, se refere ao tema:

> *Embora existam autores que sustentam que o "Agieren" é produzido por uma gênese estrutural específica, den-*

tre eles mencionaremos O. Fenichel, Ph. Greenacre, H. Rosenfeld, L. Grinberg, D. Liberman e E. Gaddini, entre outros. Acredito que a possibilidade de preservar como adequado o essencial da conceitualização freudiana do "Agieren", dedicando-nos a uma melhor compreensão dessas ações e à elaboração ou compreensão psicanalítica da ação e do agir, inerentes e componentes da evolução de cada paciente analisado (PAZ, 2007).

Por sua vez, do recente 46º Congresso IPA de Chicago 2009, quero mencionar dois artigos, publicados na Revista de Psicanálise de março de 2009. Por um lado, o trabalho livre de Claudia Lucía Borensztejn (2009) *O enactment como conceito clínico convergente de teorias divergentes.*

A autora, ao descrever o termo, menciona o seguinte:

O conceito de enactment expressa a ideia de uma maneira de agir dentro da situação analítica. O paciente encena suas relações primitivas com objetos internos, transferindo-as para o analista, que as percebe pela pressão exercida sobre sua contratransferência, envolvendo-se em uma forma sutil de ação. Aceita o papel ou rejeita-o, resultando em um tipo de vínculo que é um enactment conjunto da relação entre ambos (p. 180).

Mais tarde acrescenta:

No enactment há dois tempos, no primeiro ocorre o enactment interpretativo e, no segundo, a interpretação

> *do enactment, que é uma correção ou acabamento da interpretação na qual o analista esteve envolvido. Não há conotação negativa. O enactment é algo para se pensar (p. 181).*

Por outro lado, no painel *Perspectivas comparativas sobre o inconsciente no trabalho clínico, Fred Busch* (2009) menciona o seguinte em sua apresentação:

> *Neste artigo examinarei a proposição de que, quanto mais nos aproximamos do conflito inconsciente, maior resulta a probabilidade de que este se expresse por meio de uma forma específica de ação chamada de* linguagem-ação *(p. 42).*

Algumas páginas depois, ao explicar o desenvolvimento da linguagem-ação, ele nos diz:

> *A principal distinção entre diferentes estágios do desenvolvimento motor é o grau em que as ações são internalizadas e em que esse comportamento é baseado em representações, em lugar de ter um suporte motor.*
>
> *É importante observar que o processo de internalização é muito longo. Até a criança completar 7 anos, não se pode dizer que ela possui um sistema cognitivo integrado para organizar o mundo de maneira relativamente independente dos referentes da ação. Antes disso, o pensamento da criança é fortemente influenciado pelo seu sustento motor (p. 45).*

Finalmente, no que diz respeito às implicações para o tratamento, dirá que:

> *O objetivo do nosso tratamento é tentar modificar o caráter inevitável da ação, transformando-a na possibilidade de refletir através da representação do que antes era irrepresentável e, portanto, ficava expressado na linguagem-ação. Essa é a base da capacidade de insight original em italico. (p. 49).*

Como podemos ver neste último parágrafo, o Dr. Busch entende a aparição de atos por parte dos pacientes em sessão como linguagem-ação. A explicação que propõe, refere ao desenvolvimento do pensamento conceitual na criança, que substituiria o ato motor. A linguagem-ação seria a herança do irrepresentável, no mesmo sentido que André Green pensa, na perspectiva do psiquismo primitivo.

Por sua vez, como emerge dos textos mencionados, os analistas que usam a noção de *enactment* enfatizam a pressão exercida na contratransferência do analista.

Eles consideram que é uma encenação de relações objetais internas primitivas do paciente, que são sutilmente transmitidas na transferência e, consequentemente, induzem o analista a agir.

Uma perspectiva do agieren *na clínica atual*

José Luis García Martinez[7] estava em tratamento há cinco meses, foi encaminhado pelo analista da sua atual parceira. Durante o diálogo de indicação, meu colega me disse que o paciente, de 40 anos, tinha dificuldades em ter relações sexuais. Ele sofria de disfunção erétil, o que dificultava a penetração.

No dia de sua primeira entrevista, o paciente me ligou de seu telefone celular alguns minutos antes do horário combinado. Ele disse que estava em um engarrafamento e que achava que chegaria um pouco mais tarde da hora combinada. Ao recebê-lo, quando ele entrou no meu consultório, tropeçou no capacho da porta de entrada e cambaleou.

Já na entrevista, ele me disse que queria se analisar para resolver suas dificuldades sexuais, pois eram um obstáculo sério que obstruía o relacionamento dele com Laura.

Após a segunda entrevista, combinamos um tratamento de duas sessões semanais, com divã. Lembro que desde o primeiro contato com José Luis me pareceu significativo que ele permanecesse virgem até aquele momento de sua vida. Uma vez iniciado o tratamento, ele se anunciou sistematicamente pelo interfone elétrico com seus dois sobrenomes, nunca pelo nome, situação que desde o início me ressoava como "Sou (filho de) meu pai e (de) minha mãe".

No decorrer das primeiras sessões, soube que previamente manteve um único relacionamento com Barbara, durante 10 anos, sem ter tido relações sexuais. Ela, depois de se separar de José Luis, assumiu-se como lésbica e estabeleceu publicamente um casal homossexual.

7 Os dados do paciente foram suficientemente alterados para preservar o anonimato da sua identidade.

O paciente a partir dos 9 anos de idade iniciou sua educação em uma escola religiosa católica, onde também concluiu seus estudos secundários. Sem solução de continuidade, ele permaneceu ligado à igreja à qual pertencia a escola e, nos últimos anos, tinha sido habilitado para oficiar como ministro eucarístico[8]. Ele percebeu que já estava nesse caminho há mais de 30 anos, percurso que havia começado quando criança.

Embora José Luis tivesse concluído um curso universitário, ele não exercia como profissional independente. Aos 17 anos, iniciou uma atividade profissional, em uma relação de dependência, no circuito bancário oficial que mantinha até hoje.

Devido ao seu trabalho e seus antecedentes religiosos, o paciente considerou que tendia a permanecer permanentemente nos locais aos quais acessava. Essa característica o levou a tomar algumas precauções ao iniciar o tratamento analítico por medo de eternizar no relacionamento comigo; situação que de alguma forma condicionou a decisão do paciente de realizar apenas duas sessões semanais de análise.

Um breve resumo de uma sessão

P: Nós estivemos na casa de Lauri no sábado. Ela em certo momento me mostrou um guarda-roupa que estava vazio e me disse que era para que eu pusesse minhas coisas, para quando começássemos a viver juntos. Não que ela me fizesse um espaço com roupas que já estavam penduradas, aquele espaço era todo para mim.

---

8 Função que exercem membros laicos, habilitados para oferecer a hóstia aos fiéis que comungam durante a missa.

A: Parece que você sentiu que Laura estava fazendo um lugar para si dentro dela, do ponto de vista psicológico e emocional.

P: Bem, é a primeira vez que sinto que terei um lugar para mim. Porque eu sempre tive um espaço pequeno em um lugar que era de outro. Não era meu, era o lugar de outro. Falo da minha casa, e digo a minha casa; mas mesmo que eu e minha irmã a tenhamos comprado, é a casa da minha mãe. Por exemplo, muitas vezes eu quis comprar um ar condicionado, mas minha mãe sempre me dizia para não o comprar porque ela não iria usá-lo. E eu nunca o comprei.

A: Pelo que você disse, era um pequeno local no espaço de sua mãe. Um espaço que era dela. Talvez essa seja a diferença com o que mencionou antes, sobre o guarda-roupa de Laura. Embora também fosse um espaço dela, porque era seu guarda-roupa, fez com que você sentisse aquele espaço era para suas coisas. Talvez essa seja a diferença com o que disse sobre sua mãe e o ar condicionado.

[A partir desse momento a sessão mudou. O paciente começou a relatar episódios relacionados com o que estávamos analisando, de tal forma que me colocou em situação de escuta. Ele contava e eu apenas tinha que ouvi-lo. Era um modo de interação que me fazia sentir claramente imóvel e passivo. Minha sensação era, pelo tipo de relato do paciente, que se tinha dramatizado uma cena na qual eu ocupava um lugar pequeno, sem mobilidade, no espaço que ele me deixava].

A: O amplo espaço do armário ou o pequeno local dentro do espaço de outro estava sendo dramatizado neste momento da sessão, com sua maneira de falar. Estava contando um episódio e me colocou como ouvinte.

[José Luis me pediu para esclarecer minha interpretação, porque ele não a tinha entendido].

A: Pelo seu jeito de falar, eu era José Luis e você era sua mãe que me deixava um pequeno lugar no espaço que seu relato ocupava.

[O paciente ouviu atentamente e tive a impressão de que desta vez ele tinha entendido a interpretação, talvez porque consegui formulá-la com mais clareza: ele podia estar identificado com uma característica da mãe sobre a qual estávamos conversando naquele momento da sessão.]

P: Com Laura, fomos a uma reunião realizada na casa de um colega dela, que era gay. Lá estavam outros amigos do proprietário, também gays, e apenas uma única amiga mulher. Depois veio um outro amigo convidado, que não parecia gay, mas tive a impressão de que ele parecia um padre. Quando saímos da festa, Laura me disse que esse convidado era um padre e que ele iria deixar o hábito porque estava em um relacionamento com a moça da reunião. Enquanto eu sorria, Laura me perguntou por que eu estava sorrindo e então lhe disse que me lembrava que, no início do tratamento, você interpretou em várias ocasiões que estava me mostrando como se fosse um padre.

A: Sim, por causa do seu relato, um padre laico que está abandonando o hábito para entrar em um relacionamento.

Agieren *e elaboração psicanalítica: o tramitar em ato com outro*

O sentido de relacionar essa vinheta é transmitir uma certa perspectiva sobre como considerar a emergência do material analítico em sessão e, consequentemente, o que envolve a ideia de tramitar em ato com outro.

Em princípio, tanto a referência do paciente ao engarrafamento quanto o tropeço com o capacho da primeira entrevista foram elementos que eu considerei como um cenário de suas dificuldades na "penetração". Nesse caso, tratava-se de entrar em um tratamento.

Os comentários sobre ficar incluído durante anos nos lugares aos quais acessava permitiram inferir ansiedades claustrofóbicas implícitas em suas dificuldades. Pouco tempo depois, pude reinserir esses dois episódios na sua análise, bem como o medo de confinamento, e vinculá-los aos sintomas. Era também uma maneira de compartilhar com o paciente minha maneira de "ler" o material que ele apresentava. Por isso, tentei transmitir-lhe que, quando seu processo analítico for iniciado, um fio temático se desenrolará, o que corresponderá ao desdobramento inconsciente de sua condição de *sujeito em devir* (KRAKOV, 2007).

Na sequência que mencionei anteriormente à vinheta, tinham surgido: o relacionamento de 10 anos com Barbara, sem ter tido relações sexuais. Depois, ela estabeleceu, após a separação, um relacionamento homossexual. Posteriormente, os antecedentes de sua educação religiosa, o vínculo com a igreja da mesma Ordem, seu status de ministro da eucaristia e, finalmente, o assunto trabalhista.

Alguns desses elementos aparecem na vinheta da sessão que expus: os amigos gays do dono da casa e o padre que abandonara o hábito para estabelecer um relacionamento com uma mulher. Como sabemos, os cenários mudam, mas certos eixos temáticos insistem. Atualmente, considero que a elaboração psicanalítica, em sua dimensão clínica, envolve a localização e o acolhimento desses eixos, pois são responsáveis por uma anedota inconsciente em desenvolvimento.

Os pacientes, a partir desses temas e sob os cuidados da regra fundamental da livre associação, irão gerando cenas diferentes. Essas cenas têm um enredo e personagens, que girarão no estilo de um "carrossel". Na transferência nos posicionaremos, conforme a lógica do paciente, nos diferentes locais propostos pelo argumento e a rotação que resultar. Às vezes, interpretaremos personagens significativas, outras o próprio paciente.

O que foi que José Luis realizou em ato?

O momento chave, para localizar pontualmente o *agieren* como realização em ato, corresponde à mudança de clima na sessão. Nesse momento, ele era a mãe do relato, imobilizadora e apassivadora, deixando-me o lugar do filho que deve sofrer o efeito de suas ações. Pode-se dizer que, ao contrário do que aconteceu em "A Rosa Púrpura do Cairo"[9] , fui chamado para "subir ao palco" e de lá ver o que estava fazendo "como filho" com "aquela mãe".

Considero, do ponto de vista teórico, que me refiro em particular a um setor da bagagem identificatória do meu paciente.

O mesmo, partindo de uma perspectiva subjetiva, implica a emergência de uma certa *posição sujeito* que era posta em ação comigo na sessão. Minha hipótese é que somos convocados como outros especialistas em saber como lidar com essas personagens.

9 É o título do filme dirigido por Woody Allen, protagonizado por Mia Farrow e Jeff Daniels. Ela é uma garçonete que mora em um subúrbio de New Jersey, com um marido rude e preguiçoso. Seu único momento de felicidade acontece quando vai no cinema e curte os filmes, seus atores e atrizes favoritos. Ela assiste A rosa púrpura do Cairo uma e outra vez, até que o ator principal sai da tela para se encontrar com ela.

Visto por essa perspectiva, o enfraquecimento das lembranças inconscientes, a qual alude uma das frases freudianas transcritas, seria uma consequência dos processos de desidentificação inerentes a uma análise e também suporia, em uma dimensão subjetiva, o que chamei de *movimento subjetivo* (KRAKOV, op.cit).

A posição do sujeito, que se refere a lugares nas redes de relacionamento com outros significativos, é inevitavelmente encenada. Somente após o "agido" (encenado - *acted out*), por *aprés coup*, será possível pensar e falar sobre essa ação; não antes. Certamente esse período de recuperação em uma análise desse "depois" é o que chamamos de elaboração psíquica.

A modo de síntese final

Minha conclusão é que Freud, com o conceito de *agieren*, queria apontar uma dimensão cênica por meio da qual os pacientes se expressam dramaticamente na sessão. É assim que o inconsciente fica transferencialmente em ato. Partindo de uma perspectiva vincular, da qual sou usuário, quem inevitavelmente age é um sujeito inconsciente que conceituo como *sujeito do vínculo*. Sabemos que esse é o modo particular de lembrar que os pacientes têm (FREUD, 1914/1992i). Do ponto de vista subjetivo que incluo, lembrar implicará dar conta das ancoragens subjetivas pelas quais os pacientes estão ligados a determinados outros.

Pensado desse modo, pode-se considerar que o paciente que exige uma análise estaria nos convocando como um outro especializado ao serviço de poder realizar a mudança subjetiva desejada (KRAKOV, 2010).

Notas finais

Nota final 1

Na minha opinião, Freud nos dá uma ideia de como ele considerou uma resposta a esse argumento: E assim, a análise faz com que o ego desenvolvido e fortalecido realize uma revisão desses antigos recalques (...) Estes novos diques têm uma consistência totalmente diferente dos anteriores; vale confiar em que não irão ceder tão fácil à preamar do acrescentamento das pulsões. A retificação com posterioridade {Nachträglich} do processo de recalcamento originário, a que limita o hiperpoder do fator quantitativo, seria então a operação genuína da terapia analítica" (Freud, S. 1937. A.E. p. 230).

Nota final 2

Incluo, a seguir, a comparação feita entre as coleções *Amorrortu Editores* e a *Standard Edition* das referências retiradas das obras completas sobre o conceito de *agieren*.

Expressão afetiva. Mímica. Pantomima

As referencias nos textos da obra freudianas são as seguintes. Em o chiste e sua relação com o inconsciente (FREUD, 1905/1991b):

> *Escolhemos a comédia dos movimentos, lembrando que a representação teatral mais primitiva, a pantomima, utiliza esse recurso para nos fazer rir. À pergunta sobre por que rimos dos movimentos do palhaço, pode-se responder: porque parecem excessivos e não conforme com um propósito (p. 181).*

> *A observação mostra diretamente que os seres humanos estão acostumados a expressar o grande e o pequeno de seus conteúdos de representação, devido à diversidade de gasto em uma espécie de mímica de representação. (p.183)*

> *Defendo assim o ponto de vista de que, à "expressão das emoções", conhecida como efeito secundário corporal dos processos psíquicos, deve-se acrescentar esta "expressão do conteúdo da representação" (...) (p. 184).*

Em lugar de Recordar (ver também Compulsão à Repetição) V 283; X 129; XVII 101, 103

A primeira referência corresponde ao *Fragmento de análise de um caso de histeria* (FREUD, 1905[1901]/1992c):

> *Mais tarde, quando veio o primeiro sonho, no qual ela se alertava para deixar a cura como tinha feito na época com a casa do Sr. K, eu deveria ter tomado precauções, dizendo a ela: "Agora você fez uma transferência do Sr. K. Para mim..." (...) Mas eu omiti esse primeiro aviso; (...) Assim, fiquei surpreso com a transferência e, por causa daquele x pelo qual eu a lembrei do Sr. K., ela se vingou de mim como se tinha vingado dele e me abandonou, tal como achava que tinha sido enganada e abandonada por ele. Desse modo, ela agiu (agieren) um fragmento essencial de suas lembranças e fantasias, em vez de reproduzi-lo na cura (p. 103-104)*

Versão, em inglês, *Standard Edition* (FREUD, 1905[1901]):

> *Thus, she acted out an essential part of her recollection and phantasies instead of reproducing it in the treatment (p. 119).*

A segunda referência corresponde a *Recordar, repetir e elaborar* (FREUD, 1914/1992i):

> *Se ficarmos restringidos ao sinal distintivo dessa técnica em relação ao tipo anterior, podemos dizer que o analisando geralmente não se lembra, em geral, de nada do esquecido e recalcado, mas, ao contrário, age. Não o reproduz como lembrança, mas como ação; repete, sem saber, é claro, que o faz (p. 151-152)*

Versão *Standard Edition* (FREUD, 1914):

> *(...)we may say that the patient that not remember anything of what he had forgotten and repressed but acts it out. He reproduces it no as a memory but as an action; he repeats it. Without, of course, knowing that he is repeating it (p. 150).*

As últimas correspondem ao *Esquema da Psicanálise* (1940[1938]/1991c):

> *Outra vantagem da transferência é que nela o paciente dramatiza diante de nós, com clareza plástica, um fragmento importante de sua biografia, sobre o qual é provável que, em outro caso, ele tenha dado notícias insuficientes. Por assim dizer, eles* agem (agieren) *diante de nós, em vez de nos informar (p. 176).*

> *É indesejável para nós que o paciente, fora da transferência, aja em vez de se lembrar; o comportamento ideal para nossos propósitos seria que, fora do tratamento, ele se comportasse da maneira mais normal possível e externalizasse suas reações anormais na transferência (op. cit. p. 177-178).*

Versão *Standard Edition* (FREUD, 1940[1938]):

> *Another advantage of transference, too, is that in it the patient produces before us with plastic clarity an important part of his life-story, of which he would otherwise*

> *have probably given us only an insufficient account. He acts it before us, as it were, instead of reporting it to us (p. 175-176)*

> *We think it most undesirable if the patient acts outside the transference instead of remembering (p. 177).*

Luta na Análise (i.d. Transferência), contra a. VIII 374; XIII 19f., XIV 258

A primeira das referências corresponde a *Dinâmica da transferência* (1912/1992a):

> *As moções inconscientes não querem ser lembradas, como deseja a cura, mas aspiram se reproduzir de acordo com a atemporalidade e a capacidade de alucinação do inconsciente. Como no sono, o paciente atribui condição presente e realidade objetiva aos resultados do despertar de suas moções inconscientes; quer* agir (agieren) *suas paixões sem atender à situação objetiva (real) (p. 105).*

Versão *Standard Edition* (FREUD, 1912):

> *The unconscious impulses do not want to be remembered in the way the treatment desires them to be, but endeavour to reproduce themselves in accordance with the timelessness of unconscious and its capacity of hallu-*

> *cination. Just as happens in dreams, the patient regards the products of awakening of his unconscious impulses as contemporaneous and real; he seeks to put his passions into action without taking any account of the real situation (p. 108, grifos meus).*

A segunda referência corresponde ao texto *Além do princípio de prazer* (FREUD, 1920/1992d):

> *Depois de substituir uma terminologia meramente descritiva por uma sistemática ou dinâmica, podemos dizer que a resistência do analisando parte do deu ego; feito isso, percebemos imediatamente que devemos atribuir a compulsão à repetição ao inconsciente recalcado. É provável que não possa ser externalizado antes que o trabalho que solicita a cura afrouxe a repressão (p. 19-20)*

Versão *Standard Edition* (FREUD, 1920):

> *It seems probable that the compulsion can only express itself after a work of treatment has gone half–way to meet it and has loosened the repression (p. 20, grifos meus).*

A contribuição da versão em inglês não deixa de ser significativa e explicativa a compulsão à repetição pode ser expressa depois que o trabalho do tratamento tenha percorrido a metade do caminho para encontrá–la e tenha diminuído a repressão.

Assim, Freud nos diz que, quando trabalhamos com um paciente, encontramos a compulsão à repetição que encontramos no meio do caminho da diminuição da repressão.

> *But how is the compulsion to repeat the manifestation of the power of the repressed related to the pleasure principle? (op.cit.,p. 20).*

Que definição oferece o próprio Freud sobre a compulsão a repetir, algumas linhas abaixo:

> *Então, que relação tem a compulsão à repetição, a externalização forçada do reprimido, com princípio de prazer? (op. cit., p. 20)*

Finalmente, a última referência surge do texto *os Leigos podem exercer análise? Diálogos com um juiz imparcial* (FREUD, 1926/1992e).

> *E agora entendemos o processo. O paciente repete, sob a forma de sua paixão pelo analista, as experiências emocionais que ele já passou; ele transferiu sobre o analista as atitudes anímicas que estavam prontas nele e estavam intimamente ligadas à gênese de sua neurose. (...) Então, o que ele nos mostra é o cerne da sua história de vida íntima, ele a reproduz palpavelmente, como algo presente, em vez de se lembrar (p. 212).*

Versão *Standard Edition*: (FREUD, 1926):

> *He is also repeating before our eyes his old defensive actions; he would like best to repeat in his relation to the analyst all the history of that forgotten period of his life.*

> *So, wat he is showing us is the kernel of his intimate life history: he is reproducing it tangibly, as though it were actually happening, instead of remembering it (...) (p. 226).*

No Assassínio de Moisés XVI 195

O texto corresponde a *Moisés e a religião monoteísta* (1939[1934-38]/1991e).

> *O destino trouxe ao povo judeu o grande feito e o crime atroz do tempo primordial, o parricídio, dando-lhe a oportunidade de repeti-lo na pessoa de Moisés, uma figura paterna notável. Foi o caso de "agi" [Agieren] em vez de lembrar, como ocorre frequentemente durante o trabalho analítico (p. 85)*

Versão *Standard Edition* (FREUD, 1939[1934-38]):

> *It was a case of "acting out" instead of remembering, as happens so often with neurotics during de work of analysis (p. 89)*

Aaparição de materiais analíticos em sessão

María del Carmen e a questão do "mamparo"

María del Carmen era uma paciente de pouco mais de 50 anos de idade, que eu via há dois anos e meio em um tratamento face a face, uma vez por semana.

María del Carmen tinha como característica central, em suas próprias palavras, o fato de sempre ter vivido "atrás de um *mamparo*". Desta forma, ela se referia a uma característica pessoal sua que envolvia viver dissociada: estar presente, mas subjetivamente ausente. Uma anedota um tanto tragicômica, ligada a esta característica, foi exemplificada por uma situação no Havaí, onde ela tinha passado alguns dias de férias antes de se casar. Num certo ponto, ela se viu muito longe da costa, sobre um colchão inflável, com o qual tinha entrado no mar. Ela estava descansando, sem perceber que a corrente a tinha levado para dentro do mar. Quando voltou à costa, alguns amigos perguntaram se ela não tinha tido medo dos tubarões. Foi só então que ela percebeu o perigo ao qual tinha se exposto.

O seguinte relato corresponde a uma sessão que coincide com o aniversário da filha mais velha, de 21 anos, situação sobre a qual a paciente tinha falado em sessões anteriores.

Ela chega pontualmente, e ao entrar no consultório se vira e diz, de uma forma um tanto imperativa: "eu preciso do banheiro". Ao retornar, e iniciando a sessão, ela comenta que iria falar com seu marido sobre o episódio relacionado ao nascimento desta filha. Ela sempre tinha querido falar sobre aquele caso extraconjugal que ele teve no final dessa primeira gravidez de María del Carmen, mas ele nunca quis. Mas a verdade é que isso tinha condicionado o fato de eles terem ficado separados por dois anos.

Foi somente na última parte da análise, sentindo-se mais conectada, que ela percebia que tinha vivido todos estes anos em estado de choque, como consequência desse episódio, embora ela aceitasse que "viver atrás do mamparo" fosse uma característica anterior. Naquele momento da sessão, ela lembrou que quando a filha tomou seu primeiro banho (ela começou a ficar angustiada e a chorar), foram o marido e a sogra que deram. Naquele momento ela tinha a imagem do banho: ela estava atrás, de pé, vendo sua sogra e seu marido ajoelhados e dando banho à filha na banheira. Como ela permitiu que sua sogra estivesse lá e não ela! Ela não conseguia se perdoar (e começou a chorar mais intensamente).

Eu disse: "Como é especial a maneira em que o material da sessão surge, porque você pediu ir ao banheiro de uma maneira muito particular: "Eu preciso do banheiro!!!" Deixei claro que eu estava comentando isso, não como um detalhe de urbanidade, mas talvez como uma forma de antecipar o aparecimento da recordação daquele outro banheiro, no qual ela agora imperativamente afirmava que precisava entrar.

Maria del Carmen escutou atentamente, assentiu com a cabeça e continuou chorando.

Roberto e sua inibição profissional

Embora se sentisse melhor e mais criativo, ele ainda não conseguia sair para oferecer os cursos que tinha projetado. Mesmo que ele já tivesse sido solicitado a fazê-lo por alguns de seus conhecidos na área em que trabalhava.

Ele percebia como se sentia diferente quando trabalhava para uma empresa no cargo de gerente. Nessas ocasiões, o título comercial funcionava como um "diferencial", uma espécie de pompa com a qual ele podia amedrontar qualquer um que se atravessasse em seu caminho. Como ele invejava aqueles "cara de pau". Aqueles que, sendo ignorantes, conseguiam se lançar a oferecer qualquer coisa a qualquer um que estivesse na sua frente. Ele tinha dito a si mesmo muitas vezes, se comparando com outros professores: "Eu sei muito mais do que este cara, e mesmo assim, na hora de ir oferecer meu trabalho, fico inibido. Eu digo para mim mesmo, cuidado com isto, cuidado com aquilo, cuidado com a outra coisa".

Assinalei: "Mais uma vez, o olho. Parece que o encontramos novamente em relação à inibição". Roberto, sabendo de que estávamos falando, acrescentou: "Parece que, para sair, eu preciso fazer as coisas como um jogador de futebol americano. Com um capacete e preparado, caso eles quiserem me dar uma surra".

Comentário: A questão do olho foi uma situação que abordamos muito mais tarde em sua análise. Aos 9 anos de idade, enquanto buscava um lugar para se esconder de seus irmãos, com quem brincava de esconde-esconde, ele tinha caído no porão de uma loja que estava sendo construída em uma galeria. Como consequência deste terrível golpe ele inicialmente tinha ficado inconsciente e sofreu uma atrofia papilar em um de seus olhos, que o deixou praticamente sem visão.

Ricardo, e o "acidente" na infância

Estivemos com um regime de entrevistas durante 4-5 meses, duas vezes por semana, cara a cara. O paciente tinha nos procurado em uma situação de urgência, que incluía tanto sua situação conjugal quanto a profissional. Em relação à sua esposa, ele não sabia como reverter um estado de pouca afetividade entre eles. Ele estava preocupado com a decisão a tomar com seu casamento, pois tinha dois filhos pequenos, de 4 e 2 anos de idade.

Quanto ao trabalho, ele parecia não estar mais interessado naquilo que estava fazendo. Mas também, de uma maneira muito angustiante, ele se sentia em risco, porque estava tendo um caso extraconjugal com a esposa de seu chefe. Ele ficou atormentado pela ideia de que se o marido dela descobrisse, ele poderia matá-lo.

Uma característica que desde o início apontei a Ricardo tinha relação com a sua maneira de falar em sessão. Era difícil para mim conectar com sua interioridade, como se a conversação gerasse um estado de neblina que não me permitia ver. O paciente entendeu meu ponto de vista e reconheceu que para ele era incomum falar da maneira como falava durante a sessão. Acrescentei que talvez ele estivesse tendo a mesma dificuldade que eu para conectar com seu mundo emocional.

Algumas entrevistas depois, quando a entrevista estava finalizando, ele me disse: "Eu nunca contei a ninguém. Mas quando eu era criança, devia ter uns 6 anos de idade, um homem veio ao nosso sítio e bateu à porta durante a noite, à procura de meu pai. Ele queria entrar pela porta da frente e depois pela porta dos fundos. Estava escuro. E meu pai perguntou: "É você, Gómez, é você, Gómez? Então meu pai, que tinha uma arma na mão, atirou através do olho da porta, e o feriu. E apesar de tê-lo levado de carro para o hospital, ele morreu. A partir deste comentário, nas entrevistas seguintes, o clima de participação do paciente mudou. Ele admitia que tinha sido um episódio muito marcante para ele e para toda a sua família. No entanto, eles nunca tinham falado sobre o que tinha acontecido naquela ocasião, mesmo sendo adultos. O assunto nunca foi discutido nem com os irmãos nem com a mãe, mesmo após a morte do pai. Aquele episódio sempre se manteve num limite "nebuloso": ou tinha sido um acidente (o tiro teria escapado), ou ele queria matar a pessoa que o estava procurando porque era um marido em busca de vingança devido a um episódio de infidelidade de sua esposa com o pai de Ricardo.

Em uma das entrevistas subsequentes, o paciente começou falando que sua esposa tinha chegado de uma viagem ao exterior. Ele tinha levado as crianças à escola e elas tiveram que voltar. A professora e a diretora tinham solicitado isso à mãe, como medida de prevenção, por causa da gripe suína. "Mas as crianças não têm culpa, é um absurdo", disse ele. Em seguida, ele passou a falar sobre a questão do trabalho. Ele tinha decidido que não faria nada e esperaria um pouco até que a situação melhorasse, para eventualmente mudar de emprego. Ele achava que ficar assim era, de certa forma, um ato de impunidade.

Eu lhe disse que o uso da palavra "impunidade" tinha pouco a ver com o que ele queria me dizer sobre a situação do trabalho. Mas que junto com a menção "as crianças não têm culpa" que ele tinha feito anteriormente, talvez "impunidade" aludisse ao fato de que, em relação a aquele episódio de sua infância e suas consequências em sua vida, ele parecia pensar que "as crianças não deveriam ser punidas pelo que os pais fizeram".

Além disso, conseguimos entender, de uma outra perspectiva, a sua enorme angústia pelo fato de que um marido com desejos de vingança o quisesse matar. Parecia provável que Ricardo sentisse, intimamente, que aquela morte "tinha ficado impune".

Lucia. O "costume" de se autoconduzir

A paciente chegou na hora certa.

P: [Sua voz era distante, como se estivesse afastada da sessão] Eu continuo fazendo a mesma coisa, sem mudar. Continuo me sentindo mal fisicamente, mas não consigo parar, apesar de perceber que meu corpo está dando sinais. Mas mesmo que o vejamos aqui, eu não mudo.

A: Acho que quer me dizer que não se sente alcançada pelo que eu lhe dou.

P: Sim, eu o escuto, mas sinto como se o que está dizendo não me alcançasse. Eu não estou bem, eu passo mal. Embora eu perceba que ainda estou igual, e neste sentido deve existir alguma razão pela qual continuo agindo dessa maneira.

A: Talvez se refira a um sentimento de poder, de sentir que você pode fazer tudo só, que pode se auto interpretar e não depende do que eu posso lhe oferecer.

P: Veja que loucura. Ontem minha mãe me contou que quando eu era pequena e estava começando a andar, costumava me auto conduzir. [puxando para a frente o suéter sobre a área do mamilo com cada mão]. Eu me segurava assim, e ia me conduzindo.

A: Parece que, desde criança, você teve esta satisfação de "se auto conduzir" e de não precisar de "nós".

P: Como é possível, sendo tão jovem?

Esteban. A questão da visão 3D

O paciente tinha tido um encontro amoroso com uma colega de trabalho quando eles estavam juntos no exterior do país. Como ambos eram casados, eles aparentemente assumiram a questão como uma situação que terminaria definitivamente quando chegassem a Buenos Aires. "Foi um episódio entre dois adultos". De fato, foi o que Esteban disse, quando telefonou, ao voltarem a Buenos Aires, e disse que tudo tinha terminado. A partir daquele momento, desencadeou-se uma catarata de reclamações de parte dela pedindo que eles se encontrassem. Houve insultos via SMS e incontáveis e-mails ameaçadores. Finalmente, Esteban, que não respondia nada do que recebia da mulher, decidiu confrontá-la, e eles se encontraram para conversar. Ele descobriu que ela queria "que ele mostrasse sua cara, que não se escondesse atrás de um telefonema". Depois daquela conversa pessoal, Liliana nunca mais o contactou.

No entanto, Esteban percebeu que algo estava errado com certas pessoas; por exemplo, em relação à Liliana. Algumas pessoas conhecidas tinham lhe dito anteriormente que ela era uma pessoa psicologicamente muito instável. E agora, depois do que tinha acontecido, ele achava que tinha deixado isso de lado ao ter o caso de amor com ela.

Era uma situação que o preocupava, porque tinha a ver com um assunto recente de seu amigo Claudio. Eles tinham se falado no telefone, e Cláudio disse que ele tinha passado por uma situação dramática: tinha ficado no hospital por 24 horas, quase inconsciente. "Mas por que, o que aconteceu com você?" disse Esteban. "Eu estava em uma festa; bebi muito álcool e cheirei cocaína", foi a resposta. "Como assim, você cheira?", respondeu Esteban, surpreso. O paciente esclareceu então que ele "nunca tinha percebido que Cláudio cheirava". Claudio também nunca tinha lhe dito que cheirava cocaína: "E nós somos muito amigos, nós falamos com frequência, temos muita intimidade". Entretanto, em conversas com amigos comuns aconteceu o que ele tinha contado anteriormente sobre Liliana: todos eles sabiam que Cláudio consumia cocaína.

Então eu disse que, pelo seu relato, ele parecia ter uma visão plana, como se tivesse dificuldades para ter um olhar que incluísse uma certa profundidade. Por essa razão outros talvez estivessem vendo o que ele não via. O paciente sorriu e me disse: "Sabe, fui ver o oftalmologista para fazer óculos e ele me disse que eu não tenho visão 3D. Nada, que isso não é importante; que muitas pessoas não têm visão 3D e elas nem sabem disso. Mas recentemente fui com minha filha assistir ao filme Avatar em 3D. Nós colocamos os óculos e todos falavam: "Ah!...Uh!...." e eu tirava e colocava os óculos novamente e era a mesma coisa. E você sabe, eu olhei para minha filha, que também os tirava e colocava de volta, e num certo ponto ela disse: <Pai, com o sem óculos eu enxergo a mesma coisa>. Parece que é hereditário", acrescentou Esteban.

Matías. "A velha me jogou uma praga".

Grande parte de sua análise era centrada na importância que a expectativa de sua mãe sobre ele representava em sua vida. A frase "Não encolha seu futuro" sintetizava isso. Seu avô materno, de origem muito simples, acabara construindo uma empresa familiar muito bem-sucedida. E Matías desde muito jovem tinha gerado para si a ilusão de estar no comando e de ser o continuador da empresa. A este respeito, nós frequentemente usávamos uma recordação de sua infância: ele entrava na empresa de mãos dadas com a mãe e os funcionários faziam fila de ambos os lados do corredor, enquanto os observavam entrar. Tínhamos batizado a cena como "A Rainha e o Príncipe".

Após dois anos de tratamento, no início de uma sessão, ele comenta o seguinte:

P: No sábado, eu ia a caminho de casa e desci na Autovia Panamericana, na saída da Estrada 202. Lá é meio complicado, costuma ter roubos. Geralmente você precisa sair rápido. E quando parei no sinal de trânsito, uma velha veio me pedir dinheiro. E eu não vi que lhe faltava uma perna. Quando a vi, ela já estava contra o vidro, e não dei. Às vezes eu dou, às vezes não. Dependendo de se eu tiver, de se eu achar que quando eu abaixar o vidro posso ser roubado, isso depende. E... não dei. E ela fez uma marca em mim; tipo uma marca no espelho, um sinal, com o dedo. Ela cruzou na minha frente e foi embora. E naquele momento eu fiquei pensando, e o que me veio à cabeça foi que ela "tinha me jogado uma praga"; que ela tinha feito algum tipo de bruxaria em mim, sei lá. Eu realmente não acredito nesse tipo de coisa. Eu nunca acreditei nas pessoas que leem a mão, nem nada disso. Mas não sei que diabos aconteceu comigo com aquela senhora... Eu me senti mal. E à noite conversei com Luciana sobre isso. E nós estávamos dormindo e Milena começou a chorar, o pranto parecia ter muita angústia. Eu me levanto, e a primeira coisa que eu penso é nisso. Que a velha tinha feito uma bruxaria em mim.... Não sei, não sei, nunca aconteceu isso comigo... Não sei, é estranho, porque nunca me aconteceu algo assim, de achar que ela era cigana, e que ia me jogar o mau olhado. Eu não costumo acreditar... Fico surpreso... me desconheço fazendo isso ... que isso faça parte de minha personalidade.

A: Pode ver que sim. É apenas uma parte não-oficial de sua personalidade.

Este tipo de material, trazido por Matias, confirma que as informações são dadas pela sessão, através do processo analítico de um paciente. De forma incontestável, Matias conseguiu oferecer, em seu tratamento, através do episódio narrado, que "A velha" que veio até ele para pedir dinheiro "estava em falta" (faltava-lhe uma perna, mas ele não tinha percebido). "A velha" tinha feito um pedido de dinheiro, que ele não atendeu. É por isso que ela "lhe jogou uma praga".

Relato dos sonhos em sessão: tomografias do mundo mental

Marcos: O sonho da cabeça vazia

P: Estive pensando em algo... eu tenho pensado nisso durante praticamente o dia inteiro. Há duas coisas que me vieram à cabeça hoje, na verdade, mas uma delas é o sonho que tive ontem à noite. Era um sonho muito, muito real, o cenário todo era exatamente como é na realidade. Era a sala de aula onde eu estudo idiomas no espaço de uma pessoa conhecida da Sociedade Helênica. Eu estava praticando o alfabeto e de repente ... fiquei preso em uma parte do alfabeto que não conseguia lembrar. Não conseguia lembrar como continuava, e comecei a repetir a letra em que tinha ficado preso... algo assim, e comecei a repeti-la de uma forma obcecada, como quando verifico a fechadura oitocentas vezes, algo assim, aquelas coisas estranhas... Ao meu lado, à esquerda, estava sentado um garoto que é o pior da classe, que vai mal nos estudos, e em tudo o resto também. E ele olhou para mim e disse "Você já disse, você já disse", e eu falei, "Cale-se", como dizendo: "Você está falando comigo, você que é o mais burro? Cale-se", e eu fiz assim na cabeça dele (ele faz um gesto com a mão enquanto está descrevendo, como batendo em alguém na nuca). " Não me diga, como você vem falar comigo?" Mas sua cabeça era tão leve, e não tinha nada dentro, que eu apenas a toquei assim, continuei com a mão e a cabeça bateu sobre a mesa. Fiquei impressionado, não havia nada dentro dela e ainda por cima, a cabeça também era leve, como se fosse feita de papelão, tinha ar no interior, tanto que eu senti que estava batendo sua cabeça contra a mesa. Eu tive pena dele, porque eu tinha batido na cabeça de alguém mais fraco do que eu, e pedi desculpas, mas ele disse: "Tudo bem, não é nada" com aquela cara de idiota que ele sempre tem. (E, sorrindo, o paciente diz) e eu tenho a impressão de que ela ficou mais achatada aqui, assim em sua testa, e tomou a forma da mesa onde tinha batido. O mais engraçado é que na realidade ele parece meio "cabeça de ar", algumas pessoas zombam dele quando ele comete erros, é... é lamentável, é lamentável ver isso.

Comentário: Em princípio, o sonho é indistinguível do resto do relato geral da sessão. Não se trata de um produto separado, como se fosse algo independente. Ao mesmo tempo, o sonho mostrou claramente que Marcos era de fato um paciente com a cabeça arrasada. Sua maneira de ser foi exemplificada pela cabeça vazia de seu colega de aulas, que, ao bater contra a mesa, tomou a forma do que tinha batido. Marcos, de acordo com sua própria descrição, frequentemente tinha se sentido como "Zelig", um personagem de um famoso filme de Woody Allen, que mudava sua maneira de ser e de agir dependendo do contexto em que se encontrasse.

Cecilia. O sonho em que as paredes vazam

P: "Eu estava em minha casa atual, e a água começava a entrar. Era uma enchente de água e lama que entrava por todos os lugares, através das portas, das janelas e das paredes. Mas o mais impressionante era que a água estava entrando pelas paredes. Eu segurava um limpador de piso tentando remover a água e a lama e percebi que estava exausta devido ao esforço, sem conseguir remover a água, que continuava entrando. Notei que ao lado havia um terreno que estava molhado, mas não alagado como a minha casa. Eu ia até a casa do lado falar com a vizinha sobre a enchente e ela respondia que nenhuma água tinha entrado em sua casa. Ela disse que eu devia ir ao centro da cidade para saber.

Comentários: A característica predominante da paciente era que não estabelecia limites claros que lhe permitissem diferenciar entre realidade e fantasia. Portanto, nem entre o externo e o interno. Talvez a característica mais marcante, e ao mesmo tempo reveladora do sonho tenha sido a água vazando através das paredes. Certamente correspondia, na linguagem onírica, à dificuldade de estabelecer delimitações que separassem adequadamente "um interior de um exterior". E, além disso, o sonho mostrava seu extenuante esforço para resolver esta dificuldade.

Bianca: "Problemas na cabeça"

(Uma sequência de sonhos)

Sonho 1. No sonho, eu ia ao cabeleireiro para pintar meus cabelos grisalhos. Bem, estava na hora, estava na hora de eu ir pintar...para cobrir os cabelos grisalhos e... então o que eles estavam fazendo era... algo assim como branquear, deixando os cabelos grisalhos brancos em vez de cobri-los. Essa era a proposta que eles me fizeram para depois fazer não sei o quê. E eu dizia, mas... e eu dizia que... em geral, e... Como assim, vocês não... Como vocês não... eu não entendia muito bem o que era isso, não é? Para mim isso parecia como se eu estivesse sendo branqueada... Mas, bom, o sonho era esse.

Sonho 2. "Eu vi um pássaro de bico grande que tinha um piolho ou uma pulga dentro do bico. O bico parecia uma concha ou uma ostra".

Associações: O pássaro parecia um tucano. O piolho ou pulga: ela lembrou que tinha medo de pegar piolhos depois de uma viagem.

Sonho 3. Ela está examinando a cabeça de sua filha mais nova, e em um cabelo ela viu três macarrões cabelo de anjo. O macarrão se transformava em três grandes vagens. Ela abria uma vagem com a unha e dentro dela havia um piolho ou uma pulga. De uma ponta da vagem saia alguma coisa, algo assim como um xarope, ou mel.

Sonho 4. Uma garota estava derramando uma tigela de sopa de cabelo de anjo em sua cabeça.

Comentários: Blanca era uma paciente com um estilo fortemente anedótico e incoercível. Na hora de "branquear" sua situação, na linguagem do sonho do cabeleireiro, estou convencido de que seu dizer anedótico foi a representação transferencial de um estar em sessão a partir daquele "bico do tucano" do sonho. Para ela era uma concha protetora, talvez revelando sua estrutura psíquica, ao mesmo tempo em que resultava extremamente restritiva. Certamente, nas sessões, quando ela falava e eu interpretava, nós o fazíamos dramatizando uma cena na qual minhas palavras colidiam com aquela concha. Entendo assim que grandes períodos de análise de Blanca me deixaram com a sensação de estar "semeando no deserto".

Mariana. A questão do vibrador

P: Eu tive um sonho muito estranho. Eu estava fazendo sexo com Cecilia, a assistente da família. Eu estava no meu quarto, mas não era meu quarto, embora no sonho fosse meu quarto, e Cecilia entrou. E eu senti que tinha que caçá-la. Como se eu a estivesse encurralando para ter sexo. Mas ela também parecia ter entrado no meu quarto para me caçar, porque queria buscar algo. Mas a entrada em busca de alguma coisa parecia servir como desculpa para passar na minha frente no meu quarto. Então me aproximei dela como se a estivesse encurralando. E, na outra cena, ela e eu estamos em uma cama. Eu a vejo de costas, nua na minha frente, e eu a abraço com muita força por trás, como se fosse ter sexo com ela. Esse era o sonho. Muito estranho. [breve silêncio]

A: Você tem alguma ideia sobre o sonho que acabou de contar?

P: [Silêncio].

A: Não me refiro à interpretação do sonho, mas com quais ideias você o conecta, que ideias lhe surgem, mesmo que não estejam diretamente relacionadas com o sonho.

P: Não sei se tem a ver com isso, mas lembrei que ontem eu estava assistindo a um programa na TV, um programa mexicano sobre sexo. Agora percebo que isso tem a ver com o tema do sonho, sobre sexo. É sobre uma jornalista a quem as pessoas telefonam para fazer perguntas sobre sexualidade, e ela tinha recebido uma ligação de um homem, cujo sotaque parecia argentino, dizendo que ele estava preocupado porque sua parceira usa um vibrador. Além disso, ela fica excitada ao ver filmes pornográficos nos quais as mulheres fazem sexo entre si. Então a apresentadora disse que isso não era motivo de preocupação, porque se ela contava era porque tinha intimidade e confiava nele o suficiente para lhe contar.

Comentário: Mariana era uma mulher jovem, inteligente e muito empreendedora em sua profissão. O sonho revela, por associação com o programa de televisão, que a pessoa preocupada por sua atividade em sessão parecia ser eu e não ela, por causa do uso do vibrador ("consolador" em espanhol).

Tramitar em ato com o outro e mudança psíquica

Nesta oportunidade, pretendo apresentar um conjunto de ideias pessoais ligadas a temas centrais da psicanálise.

Elas são o resultado de mais de cinco décadas de trabalho com pacientes em psicanálise individual e em tratamentos de psicanálise de casal. Felizmente, ambas as experiências foram se complementando, enriquecendo mutuamente os marcos teóricos dos quais cada uma delas era proveniente.

De qualquer maneira, estou convencido de que foi um "acontecimento" ter escrito uma tese de doutorado sobre *ancoragens e mudanças subjetivas* nos tratamentos psicanalíticos de casais. Porque isso me permitiu postular os conceitos que apresentarei a seguir.

A psicanálise trabalha

Isso talvez pareça estranho, porque geralmente consideramos que quem trabalha em sessão é o psicanalista, o paciente ou ambos. Entretanto, desde o início tento propor que, em um tratamento psicanalítico, "quem trabalha " é a psicanálise.

Esta formulação pressupõe uma série de hipóteses anteriores que acredito precisam ser esclarecidas.

-Uma pergunta que devemos nos fazer, e que requer de uma resposta, é a seguinte: Por que os pacientes falam sobre o que fazem em sessão e não sobre alguma outra coisa? Considerando que vários dias podem se passar entre uma sessão e outra, e episódios de diferentes tipos pode acontecer, a resposta de Freud a esta pergunta é a seguinte: cada sessão terá "uma agenda", como acontece nas assembleias dos condomínios. E a pontuação dos tópicos, no caso de um paciente, será determinada por seu processo inconsciente. Isto significa que o que os pacientes apresentam em sessão não é aleatório, nem circunstancial.

-Por outro lado, eu postulo que todos os pacientes carregam dentro de si um sujeito em devir, dificultado seu desenvolvimento. Eu o chamo de *sujeito inconsciente*. Esta noção é próxima daquilo que Freud propôs como a divisão da personalidade psíquica (Spaltung), e também do conceito de verdadeiro self, proposto por Winnicott.

-As alternativas do *sujeito inconsciente* são estabelecidas nas relações interpessoais. Entretanto, no início de uma análise, estas alternativas estarão concentradas na transferência e, portanto, no vínculo analítico.

-É por isso que eu sustento que nós, analistas, somos chamados por nossos pacientes a sermos especialistas em "detectar o sujeito em devir", a fim de "saber como lidar" com os obstáculos que limitam seu desenvolvimento.

-O analista terá condições de avaliar o estado do processo através do "dizer e fazer" do paciente em sessão. Nossa "escuta" deveria ser orientada nesta direção.

-Vale a pena saber que o que não possa ser processado nas sessões continuará ocorrendo, como questões interpessoais, na vida de relacionamento dos pacientes. Nesta perspectiva, a frequência semanal das sessões já não é um fato indiferente nem um detalhe menor.

-O dispositivo que dá conta do processo analítico é constituído pela solidariedade clínica *livre associação - atenção flutuante*. Isto é equivalente à tela de um osciloscópio. Quando paciente e analista não obedecem à regra fundamental "o osciloscópio está desligado". Nesses casos, existe uma tendência a ler, e trabalhar em sessão, sobre aspectos da vida cotidiana do paciente.

Sobre a dinâmica clínica

Se um analista usa algumas das teorias da psicanálise para explicar o que o paciente apresenta em sessão, ele estará fazendo "psicanálise aplicada". Isto é, aplicando a teoria a um texto, como poderia ser feito com uma novela ou uma trama teatral, para assim traduzi-la em linguagem psicanalítica.

Dos muitos efeitos deletérios que esta técnica pode ter, mencionarei dois:

a) O paciente é sempre o *infans* (a boca, o bebê ou a criança) e o analista é, por definição, sempre um representante dos objetos primordiais (o peito, a mãe, o pai ou a Lei). Isto confirma, uma e outra vez, que a teoria da qual o analista é usuário é sempre correta, tanto na compreensão quanto na explicação do que aconteceu. Isso porque cada marco teórico pode oferecer, por sua vez, ferramentas para a autoconfirmação de seus predicados.

b) Ao falar em sessão, cada paciente descreve uma cena, com argumentos e lugares que devem ser ocupados, que têm o valor de uma oferta de identificação para o analista. Isto gera uma dinâmica semelhante a um "carrossel" na qual nós analistas, às vezes, encarnamos um de seus outros significativos e outras vezes o próprio paciente. Esta situação é desconhecida ou refutada pela "aplicação da psicanálise", já que tanto os personagens quanto os lugares a serem ocupados são sempre os mesmos.

Tramitação psíquica

Freud pensava a tramitação psíquica da seguinte maneira:

> *Não esqueçam que as vivências antigas dos histéricos externalizam seu efeito em uma ocasião atual como recordações inconscientes. Parece que a dificuldade de tramitação, a impossibilidade de transformar uma impressão atual em uma recordação exaurida, depende precisamente do caráter do inconsciente psíquico (FREUD, 1895, p. 216, grifos meus).*

Eu postulo, como hipótese central de minha proposta, que a tramitação psíquica ocorre em ato com o outro.

A minha intenção é salientar que é com o outro e não com um objeto, porque o objeto é definido como tal pelo e a partir do sujeito. Sendo que o outro, em sua condição real, possui existência própria em uma dimensão diferente da do sujeito.

Desta perspectiva, o processamento ocorrerá em transferência, precisamente no limite que nos permita diferenciar o analista, em sua condição de outro e não de objeto. Assim, a tramitação psíquica pode ser pensada em duas etapas. A primeira será feita *em ato*, com o analista, através do dizer e fazer em sessão. E então, em uma segunda etapa, o sentido do que foi posto em ato poderá ser recuperado através do processo do pensar.

Como trabalha a psicanálise em sessão?

Após delinear o contexto teórico de que disponho atualmente, me interessa destacar o trabalho de psicanálise em sessão. Para isso, farei uso do material publicado na Coleção de Orientação Lacaniana da Editora EOL em 1992.

Gostaria de salientar que, embora a exemplificação clínica seja referida a uma linha teórica diferente da que eu utilizo, ela dispõe de um núcleo que, em minha opinião, caracteriza a especificidade clínica da psicanálise.

Material clínico: O trabalho é intitulado S.O.S.

Um psicanalista me pergunta se eu posso ajudar um homem que está em uma situação muito complicada, sua esposa está muito doente, prestes a morrer. Ele nunca quis fazer análise, e possivelmente também não agora, mas ele está muito "afogado". Também fiquei sabendo que o irmão desta pessoa fez análise durante vários anos. Na primeira entrevista, ele me explica que sua esposa está morrendo, e que é muito difícil viver com alguém que está neste estado. O que torna este momento tão difícil é a agressão da mulher, que, como já tinha sido dito, é uma fase característica deste tipo de processo. Ele foi expulso da cama matrimonial e dorme em um canto da casa. "Eles o alimentam e lavam suas roupas porque ele está lá". Ele não se importa em ficar confinado a um canto, "Eu sou um Rambo que vive de qualquer maneira". Por outro lado, ele tem sido incapaz de participar de tudo o que precisa ser feito para ajudar sua esposa nas últimas duas semanas, não tem permissão para isso. Seu filho mais velho, que é o único com quem ele consegue falar um pouco, se encarrega disso. Ele ficou sozinho, as outras duas crianças (um menino e uma adolescente) são solidárias com a mãe. Ele supõe que quando sua esposa morrer terá que ir morar em outro lugar.

Ao longo da história ele repete "Eu não consigo lidar com isto", referindo-se ao autocontrole. Eu saliento isto, dizendo que no decorrer de alguns minutos ele o repetiu cerca de dez vezes. Ele me corrige: "foram seis vezes" e não o repete mais. Como podemos ver, embora hesitante, ele ainda se coloca como "Mestre" de si e oferece provas.

Pergunto sobre a razão dos ataques de sua esposa: "é totalmente irracional". Com alguma dificuldade, aprendi que ela o acusa de andar com outra mulher. Mas, acrescenta, isso não é assim. Esta acusação não tem história, eles sempre foram, durante vinte e um anos, um casamento modelo para a família e amigos. Mas... sempre existiu um ponto de fricção, um controle exasperante de sua hora de chegada. E quando ele se atrasava, tinha aquela tensão e aquela dureza da parte de sua esposa. Mas depois isso parava. "Inocentes" atrasos, fosse no futebol, xadrez ou cinema, mas, como ele se resistia a ser controlado, quando ia ao xadrez ele dizia que ia ao futebol ou vice-versa.

Uma história impecável, atrasos inocentes, mentiras inocentes. Mas, durante o último mês, sua situação tinha se tornado um inferno. E foi também com dificuldade que ele desvendou uma outra parte da história. Uma dessas mentiras habituais tinha sido descoberta por sua esposa. (...) Então eu lhe digo que não estou entendendo, que não entendo a atitude de seus filhos, supostamente explicável pela solidariedade para com a mãe. Ele sempre foi um bom pai, "nós éramos um clã", e "agora eu fui expulso do clã". Mas durante uma consulta psicológica com seus filhos para ajudá-lo a lidar com a doença de sua esposa, ele é informado que seus filhos pensam que é um mentiroso. Ele nunca tentou esclarecer isso com seus filhos, e, pelo contrário, tentou confirmá-lo. Aponto isto para ele. E então ele diz: "Eu tenho um traço mentiroso". Ele o vincula à sua profissão, que, segundo ele, o obriga a mentir o tempo todo. (...) Eu o deixo com uma pergunta: o que o levará a ter que provar que ele é um mentiroso?

Na entrevista seguinte, sou incorporada ao Outro perante o qual ele precisa ser exposto como mentiroso, já que ele confessa que, na realidade, ele vem tendo relações sexuais esporádicas com diferentes mulheres há cerca de dois anos. Eu lhe digo que isto não justifica a versão que sua esposa, seus filhos e o resto da família têm dele, ou seja, "o canalha que abandona sua esposa moribunda por outra mulher". E insisto na pergunta que ele ainda não se formulou: o que o levará a ter de provar aquele seu traço mentiroso? (...), mas o tempo estava se esgotando, a morte é um momento de conclusão que não admite o atraso do tempo para compreender. Portanto, eu pergunto se não existe alguma conexão entre a mentira e sua história, a de seus pais ou seus avós. Ele responde sem hesitar: sim, meu pai. E ele fala de um pai que sempre traiu sua mãe. Sua mãe falava "pestes" dele aos filhos, ele era o "anti-valor". E acrescenta que, após sua morte, percebeu "que ele tinha deixado coisas importantes para eles". (...) Este homem carregava seu sintoma sem saber, e sem grande sofrimento. Até que ele é brutalmente confrontado por uma realidade inapelável com a castração do Outro e o luto. E um luto pode ativar outro luto, neste caso, o do pai.

E então tornou-se necessário, mais do que nunca, sustentar o pai e deste modo se sustentar a si mesmo. Mas ele criou o cenário de um inferno do qual ele não podia mais escapar. Ele assumiu uma culpa que não era sua, e ao se punir por essa culpa paterna, ele garantiu a inocência do culpado: "ele tinha deixado coisas importantes para eles".

Tendo decifrado essa dimensão de luto e culpa, ele conseguiu esclarecer sua situação com sua família. Ele retornou ao grupo familiar, ao leito matrimonial e organizou a celebração do décimo quinto aniversário da filha. Pouco tempo depois, ele se despediu de mim. Tinha conseguido sair do inferno, pelo menos desta vez.

Meus comentários sobre o caso

Neste caso clínico, a analista percebe e aponta ao paciente que os aspectos da situação familiar que ele relatou não justificavam que os filhos o considerassem um mentiroso. Diante desta observação, o paciente confirma que "ele tem um traço mentiroso". A analista, sentindo que este é um elemento central, o questiona sobre os antecedentes familiares desta posição de mentira em sua vida, em seus pais ou avós. <Ele responde sem hesitar: sim, meu pai. E ele fala de um pai que sempre traiu sua mãe. A mãe dele falava "pestes" dele aos filhos, ele era o "anti-valor".> Novamente encontramos no material da sessão a identificação do paciente com um de seus pais, e vemos a analista ocupando o lugar de quem confronta o mentiroso. Há dois elementos distintivos neste segundo material. Em primeiro lugar, *a posta em ato com outro* tinha sido realizada pelo paciente com sua esposa, oferecendo-se como um mentiroso. Em segundo lugar, ter que processar o luto pela morte de sua esposa tinha ativado no paciente o luto pela morte do pai, o que tinha resultado na sua identificação com alguns aspectos de seu pai.

O "fazer" específico do analista e a mudança psíquica

Imagino que neste ponto de minha apresentação ficou claro que no material clínico eu queria enfatizar a ativação dos fenômenos identificatórios nos pacientes, que são postos em ato com o analista durante a sessão. Por sua vez, no início deste capítulo, eu propus considerar que nós analistas somos convocados como especialistas em "detectar e saber fazer" os obstáculos que se opõem ao desenvolvimento do sujeito que "vive" dentro dos pacientes. Essas identificações, essenciais para o crescimento psíquico, são as que mais tarde se transformam em um impedimento para o próprio desenvolvimento subjetivo. Portanto, conscientemente ou não, nós analistas somos convocados a "entrar em cena".

Com isto quero dizer que estaríamos desempenhando o papel oposto ao que acontece no filme de Woody Allen *A Rosa Púrpura do Cairo* Nesse maravilhoso filme, um dos personagens centrais saía da tela e transitava a vida real a partir de sua caracterização como personagem.

Entretanto, nós analistas, colocados no lugar do paciente no drama clínico, somos convocados a "entrar em cena". O objetivo implícito é "encarnar" seu lugar e participação na cena que torna a aparecer em forma repetitiva em relação a um outro significativo de sua vida. E, a partir daí, responder de uma maneira diferente ao que ele atuou naquele momento.

O paciente não só desconhece a encenação do sofrimento que padeceu, mas também desconhece a identificação com aquele (ou aqueles) com quem o sofrimento continuou a ocorrer nele, na vida psíquica, e que foi dramaticamente atualizado em sessão.

A apropriação subjetiva deste "fazer diferente do analista" no agora transferencial, em uma cena com personagens e argumentos de um "tempo passado", seria a forma pela qual os fenômenos de desidentificação seriam gerados no paciente e, consequentemente, facilitariam uma mudança subjetiva com a qual a transformação psíquica se tornaria possível.

Assim, o sujeito em devir recuperaria, através da terapia psicanalítica, a possibilidade de alcançar seu tão almejado desenvolvimento.

Parece igual, mas não é

No início de sua dissertação, intitulada Psicanálise e cura, Maxine González Eloe citava a seguinte frase, como epígrafe:

> *Eu o escuto e a psicanálise cura-o ... além disso (Lacan, 1966).*

A autora, no final de seu trabalho, afirmava que, se o analista institui um objetivo curativo para a análise, ele corre o risco não só de atribuir limites artificiais ao trabalho e de confundir o sentido da escuta, mas também de ser vítima da tendência mais perigosa da contratransferência: o narcisismo do analista, o colocando em uma situação de suficiência e de falsa responsabilidade. Assim, nós, como analistas, dizemos que a questão está na escuta, no desenrolar do processo, e que a cura vem "de maneira adicional".

Meu comentário sobre a proposta do colega do México

O trabalho certamente recupera do melhor espírito freudiano o aviso de evitar a *euforia sanandis*, uma posição com a qual concordo plenamente. Entretanto, gostaria de salientar minhas diferenças em relação à posição da autora em relação à cura.

Ao propor para a clínica que "a psicanálise trabalha", estou me referindo a um sentido particular, tanto da noção de escuta quanto de processo, ligado à minha postulação sobre o *sujeito inconsciente*. Por esta razão, o analista teria uma intervenção específica a realizar, que vai além da simples escuta. E isto é o que eu queria ressaltar em meus comentários sobre os materiais clínicos. A intervenção vai além, porque os pacientes não podem alterar seu lugar na cena da qual fazem parte por si sós, apenas por serem escutados. Precisamente, o argumento a ser tramitado envolve a participação do sujeito e do outro da cena, já que ambos estão incluídos na vida psíquica do paciente. A desidentificação, e com ela a mudança psíquica, requer da intervenção atualizada de ambos os personagens. Desta forma, ressalto a ação específica e pontual do analista, o que me leva a sustentar que a tramitação psíquica é realizada "em ato com o outro".

Fazer consciente o inconsciente 50 anos depois

A pergunta que estimulou a redação deste trabalho foi a que Green se fez, na Conferência que deu em Milão, após o 42º Congresso da IPA. Seu título era: De que se trata? (GREEN, 2002).

Ele disse no final de sua apresentação:

> *Conseguimos chegar até a lua, deciframos o código genético, descobrimos um canto do mistério no que diz respeito ao infinitamente grande e ao infinitamente pequeno. E, no entanto, continuamos sendo para nós mesmos, misteriosos desconhecidos, aquilo diante do qual nos coloca a experiência psicanalítica ao longo do tempo. E, enquanto refletimos, quer na nossa poltrona escutando os pacientes, quer diante da nossa mesa de trabalho para preparar uma conferência, não deixamos de nos perguntar: "De que se trata? (p. 135). [O sublinhado me pertence]*

Desse modo, retomava uma reflexão de Lacan (1977), no Seminário 24, A identificação, no final da sua obra:

> *Ainda estou para interrogar a psicanálise sobre a maneira em que funciona. Como é que constitui uma prática que, inclusive, é eficaz algumas vezes?*

Por sua vez, Juan-David Nasio (2017), colocava-o do seguinte modo:

> *Esta pergunta que nos fazemos depois do último aperto de mãos, e uma vez que a porta se fecha trás essa pessoa que não será mais o nosso paciente, é a seguinte: o que aconteceu para que agora esteja bem? No final de cada terapia bem-sucedida, pergunto-me sempre o mesmo e nunca acho uma resposta cabal.*

> *Assim o melhor lema que pode adotar um psicanalista se inspira no célebre adágio de Ambroise Paré: "Eu o assisti, Deus o curou". Desse modo, gostava de propor o aforismo que me guia: Eu escuto meu paciente com toda a força do meu inconsciente como psicanalista, mas o que cura é o Desconhecido (p, 146).*

Porém a pregunta sobre a eficácia clínica da psicanálise vigorava, desde muito cedo, nas ideias do próprio Freud.

Nesse sentido, tem valor a frase que James Strachey inclui na Nota introdutória, de *Análise terminável e interminável*, em que Freud, na Carta 133 do epistolário, dizia para Wilhelm Fliess o seguinte: "A conclusão assintótica da cura, resulta-me em essência indiferente; decepciona assim os profanos" (FREUD,1950[1895]/1992f).

Este posicionamento sobre a cura também ficava refletido nos trabalhos sobre técnica e no final da sua obra, no qual não deixava de denotar certo ceticismo sobre a eficácia clínica da psicanálise.

Por exemplo, em *Recordar, repetir e elaborar*, Freud (1914/1992i) o expressava do seguinte modo:

> *Nessas circunstâncias o médico não tem mais nada que esperar, apenas consentir um decurso que não pode ser evitado, mas tampouco apurado. (...) Na prática, esta reelaboração das resistências pode se tornar uma árdua tarefa para o analisado e uma prova de paciência para o médico (p. 157, grifos meus).*

Depois de oferecer esta sucinta síntese sobre o posicionamento de Freud, a respeito da cura analítica, importa-me salientar que até hoje a questão permanece pendente.

Qual é a novidade que penso, após 50 anos de trabalho psicanalítico?

Em geral, tanto o que me ensinaram, como aquilo que me dediquei a transmitir, focava-se nos desenvolvimentos conceituais de diferentes autores, a partir de Freud.

Analisar era, em todos os casos, dar conta daquilo que os pacientes "carregavam inconscientemente" e isso em geral implicava oferecer-lhes uma "explicação" de ordem causal.

Hoje me pergunto, a favor de um certo questionamento dessa posição analítica, se uma mudança psíquica era esperável, apenas por oferecer aos pacientes uma versão dos motivos pelos quais sofriam. Supúnhamos que, com a interpretação oferecida ao seu setor reflexivo-racional (o que nós analistas chamamos de processo secundário), ficaria desativado *um fazer* que insistia vindo de seu inconsciente? Muitas das críticas à psicanálise baseavam-se no fato de que, com uma análise, os pacientes "sabiam mais" sobre si mesmos, mas, frequentemente, os sintomas persistiam porque o motivo da repetição permanecia sem ser abordado.

Não é improvável que, dessa forma, estivéssemos operando com um modelo que o próprio Freud (XXXX) rejeitou, quase no início de sua produção. Ele o chamou: da "dupla inscrição". Um psicanalista, ao oferecer uma interpretação a um paciente, estaria dando-lhe uma representação pré-consciente, facilmente acessível pela consciência se a atenção estivesse focada nela. Assim, ele teria uma dupla inscrição psíquica: aquela que lhe foi oferecida com a interpretação, semelhante à que tinha originalmente em seu inconsciente.

Como a perspectiva econômica era o eixo, Freud pensava que a carga investida pela representação inconsciente se deslocaria para aquela que acabava de ser incluída com a interpretação, com o que se cumpria com o postulado teórico do fundamento para modificação psíquica: "tornar consciente o inconsciente".

No entanto, como esse modelo de funcionamento não acabava por resolver a situação sintomática, o próprio Freud avançou na compreensão do psíquico, e o substituiu por outro em que o mecanismo de repressão estava no centro do processo. Os sintomas eram produzidos pelo efeito de um setor da vida psíquica, correspondente à infância, não acessível conscientemente. Portanto, o sofrimento era padecido por "uma experiência traumática", de um passado não lembrado, embora em vigor.

A grande descoberta freudiana que possibilitou o tratamento

com a psicanálise, foi descobrir que não era necessário que os pacientes recuperassem essas lembranças porque a repetição "em ato" com o analista era a forma de lembrar. Ele usou o termo alemão agieren para essa encenação. Tinha o valor de uma pantomima; era a mímica de uma representação psíquica.

> *Assim fui surpreendido pela transferência e, por isso que a lembrava do Sr. K, ela vingou-se de mim como vingou-se dele e me abandonou, tal como acreditava ter sido enganada e abandonada por ele. Dessa forma, ela atuou [agieren] um fragmento essencial de suas lembranças e fantasias, em vez de reproduzi-las na cura (FREUD, 1905[1901]/1992c, p. 104).*

> *Como no sonho, o paciente atribui condição presente e realidade objetiva aos resultados do despertar de suas moções inconscientes; querem agir [agieren] as suas paixões, sem atender à situação objetiva [real] (...) nos oferecem um serviço inestimável, tornando atuais e manifestas as moções amorosas ocultas e esquecidas dos pacientes; pois, enfim, ninguém pode ser justiçado in absentia o in effigie ((FREUD, 1912/1992a, p. 105).*

> *Se nos atermos ao sinal distintivo desta técnica em relação ao tipo anterior, podemos dizer que o paciente não lembra, em geral, de nada daquilo que foi esquecido e recalcado. Não o reproduz como lembrança, mas como ação; ele repete, sem saber, é claro, que o faz (FREUD, 1914/1992i, p. 151-152).*

Como vemos, a repetição em ato é a maneira de lembrar. Portanto, com a introdução da noção de *agieren* na clínica, foi necessário reconsiderar o que implicava "tornar consciente o inconsciente".

Características que definem o inconsciente:

"As moções inconscientes não querem ser lembradas, como deseja a cura, mas aspiram a se reproduzir em consonância com a atemporalidade e a capacidade de alucinação do inconsciente" (FREUD, 1912/1992a, p. 105, grifos do autor). Não ficam dúvidas: o inconsciente "se reproduz na cura" e sublinha o que caracteriza o inconsciente: sua condição atemporal e a capacidade de alucinação.[1]

> *Como entender a condição atemporal do inconsciente? Freud o explicava da seguinte maneira: o paciente reage experiencialmente da mesma maneira, quando confrontado com uma ofensa atual, como quando a sofreu trinta anos antes. É como se o tempo não tivesse passado (o sublinhado é meu).*

Quero parar por um momento nessa questão. Como dar conta daquilo que foi sofrido como ofensa há 30 anos, e é vivido da mesma forma no agora? O atemporal parece ser um ponto sensível a partir do qual reagir.

1 Entendida esta última não como uma alucinação psiquiátrica, mas, justamente, como uma encenação que conduz a uma forte credibilidade.

Expliquei-o a mim mesmo comparando-o ao que acontece a uma pessoa com "sensibilidade alérgica" a uma determinada substância. O estímulo sempre desencadeará a mesma reação, até que a pessoa que sofre dele seja dessensibilizada. E, de fato, não importa quanto tempo tenha decorrido desde a primeira reação alérgica. Compreendido assim, não há dúvida de que o método para dessensibilizar nossos pacientes deve ser o tratamento analítico.

Com essa ideia central como guia, vou apresentar minha maneira de pensar atualmente este tema. Considero que nestes últimos cinco anos acessei uma conceituação crucial em minha produção teórica.

Comecei a argumentar em minhas obras que aquele que "fala" aos analistas em sessão (com o dizer e o fazer) é um sujeito *inconsciente*[2]. Tratar-se-ia de um *sujeito obstaculizado em seu desdobramento*, habitando quem requer tratamento analítico.

Saliento que não é só com o dizer, mas também fazendo, pois parte dos obstáculos que se opõem à personalidade em desenvolvimento, outra forma de chamar *o sujeito inconsciente em devir*, é constituída pelas identificações iniciais com certas características dos outros significativos.

O sujeito inconsciente está sempre ativo e tende a se estabelecer nas relações interpessoais. Quando um paciente começa uma análise, o sujeito inconsciente se faz presente por meio de seu "processo analítico"[3]. Considero que esse é o modo em que a psicanálise "trabalha", pois, dependendo das propostas que os pacientes nos

---

2 O conceito que proponho é diferente do sujeito do inconsciente, de raiz freudo-lacaniana e vinculado à pulsão sexual.

3 Com "processo analítico" faço referência ao fio de sentido inconsciente que um paciente irá desdobrando no decorrer da sequência de sessões da sua análise.

fazem, às vezes teremos de encarnar algum dos outros significativos e, em outras, o próprio sujeito[4].

Com essa pré-condição teórica, estou convicto de que o motivo pelo qual os pacientes convocam um psicanalista, mesmo que eles próprios não o saibam, tem o objetivo de remover os obstáculos que impedem seu almejado desdobramento.

Reproduzo a definição do texto freudiano sobre tramitação psíquica:

> *Não esqueçam de que as vivências antigas dos histéricos exteriorizam seu efeito em uma ocasião atual como lembranças inconscientes. Parece como se a dificuldade para a tramitação, a impossibilidade de mudar uma impressão atual em uma lembrança debilitada, dependesse justamente do caráter do inconsciente psíquico (FREUD, 1896/1991d, p. 216, grifos meus).*

Em consonância com esta definição, defendo que "a tramitação psíquica é realizada em ato com outro". *Enfatizo que é com outro e não com um objeto.*

Esse processamento pode ser pensado em duas etapas: inicialmente, será feito por meio de encenações transferenciais (*agieren*) com o analista e, apenas em um segundo momento, será possível abranger o que foi posto em ato por meio do pensamento reflexivo.

Como um paciente poderia se dessensibilizar com um tratamento analítico? As cenas que se repetem têm argumentos e personagens, portanto, a précondição para a *mudança psíquica* irá

4 Devo dizer que me surpreendi ao perceber que também era o que podia ver que se passava entre os membros dos casais, nas entrevistas conjuntas.

acontecer quando os pacientes, encarnando o "outro", com quem a cena original foi estabelecida, consigam nos colocar a nós analistas em "seu lugar".

Tal modificação será o efeito da apropriação subjetiva de um "fazer diferente do analista em transferencia", diferente das respostas que o próprio paciente teve em relação àquele "outro", no momento em que a cena repetitiva foi instalada.

Apresento aqui minhas hipóteses iniciais.

Afirmo que os outros significativos nos colocam em certa *posição sujeito*, em relação a eles. Entendo a *posição sujeito*, tanto no sentido de subjetividade quanto no sentido de sujeição. Supõe ficar sujeitos e fixados àqueles outros em um determinado lugar. Chamo essa fixidez de *ancoragem subjetiva.*

Por isso, a apropriação do "fazer diferente" do analista permitirá, por efeito da desancoragem e da mudança subjetiva que isso acarreta, que a cena se desarticule e perca sua vigência.

Destaco especialmente que esta apropriação não é uma identificação nova, desta vez com o analista, uma vez que suas intervenções, encarnando o sujeito, visam questionar e confrontar a identificação do paciente com o outro da cena repetitiva. Desse modo, trata-se do paciente consiguir se desancorar daquele lugar de onde participava, o que inclui a desidentificação "do outro que vive no paciente" na cena transferencial.

Sublinho um aspecto central a considerar: os pacientes não estão em condições de realizar uma mudança subjetiva por conta própria, por exemplo, refletindo sobre o local de sua ancoragem, ou por meio de compreender desde o processo secundário.

Considero-o assim porque a cena inclui o sujeito e o outro; por isso será necessário que se "encarnem" ambas as personagens. O analista, "sendo" o próprio sujeito na cena, e intervindo de maneira diversa sobre o outro significativo, terá um valor fundamental para desativar a repetição e favorecer a mudança subjetiva. Estou convicto de que é disso que se trata a "cura" com a psicanálise.

Referências

BORENSZTEJN, C. L. El enactment como concepto clínico convergente de teorías Divergentes. Revista de Psicoanálisis de la Asociación Psicoanalítica Argentina, Buenos Aires, Tomo LXVI. Número 1. 2009.

BUSCH, F. ¿Es posible hacer pasar un camello por el ojo de una aguja? Reflexiones sobre la forma en que nos habla el inconsciente". Revista de Psicoanálisis de la Asociación Psicoanalítica Argentina, Buenos Aires. Tomo LXVI, n. 1. 2009.

CASSORLA, R. M. S. Del baluarte al "Enactment": El "No-sueño" en el teatro del Análisis. International Journal of Psychoanalysis, v. 86, n. 3, p. 699-719, 2005/2019.

FREUD, S. Análisis terminable e interminable (1937). In: Obras Completas (Volumen XXIII). Buenos Aires: Amorrortu editores, 1991a, p. 211-254.

FREUD, S. El chiste y su relación con lo inconciente (1905). Obras Completas (Volumen VIII). Buenos Aires: Amorrortu editores, 1991b.

FREUD, S. Esquema del Psicoanálisis (1940[1938]). In: Obras Completas. Volumen XXIII. Buenos Aires: Amorrortu editores, 1991c, p. 133-210.

FREUD, S. La etiología de la histeria (1896). In: Obras Completas (Volumen III). Buenos Aires: Amorrortu editores, 1991d, p. 185-218.

FREUD, S. Moisés y la religión monoteísta (1939[1934-38]). In: Obras Completas (Volumen XXIII). Buenos Aires: Amorrortu editores, 1991e, p. 1-132.

FREUD, S. Dinámica de la transferencia (1912). In: Obras Completas (Volumen XII). Buenos Aires: Amorrortu editores, 1992a, p. 93-106.

FREUD, S. Estudios sobre la histeria (1893). Obras Completas (Volumen II). Buenos Aires: Amorrortu editores, 1992b.

FREUD, S. Fragmento de análisis de un caso de histeria (1905[1901]). In: Obras Completas (Volumen VII). Buenos Aires: Amorrortu editores.1992c, p. 1-108.

FREUD, S. Lo inconciente (1915). In: Obras Completas (Volumen XIV). Buenos Aires: Amorrortu editores, 1992, p. 153-214.

FREUD, S. Más allá del principio placer (1920). In: Obras Completas (Volumen XVIII). Buenos Aires: Amorrortu editores, 1992d, p. 1-62.

FREUD, S. ¿Pueden los legos ejercer el análisis? Diálogos con un juez imparcial (1926). In: Obras Completas (Volumen XX). Buenos Aires: Amorrortu editores, 1992e, p. 165-244.

FREUD, S. Proyecto de psicología (1950[1895]). In: Obras Completas (Volumen I). Buenos Aires: Amorrortu editores, 1992f.

FREUD, S. Pulsiones y destinos de pulsión (1915). In: Obras Completas (Volumen XIV). Buenos Aires: Amorrortu editores, 1992g, p. 105-134.

FREUD, S. Tratamiento psíquico (tratamiento del alma) (1890). In: Obras Completas (Volumen I). Buenos Aires: Amorrortu editores, 1992h, p. 111-132.

FREUD, S. Recordar, repetir y reelaborar (1914). In: Obras Completas (Volumen XII). Buenos Aires: Amorrortu editores, 1992i,

p. 145-158.

FREUD, S. Fragment of an Analysis of a Case of Hysteria (1905[1901]). In: The Standard Edition of the Complete Psychological Works of Sigmund Freud, Volume VII (1901-1905): A Case of Hysteria, Three Essays on Sexuality and Other Works. London: Hogarth Press, 1905[1901], p. 1-122.

FREUD, S. The Standard Edition of the Complete Psychological Works of Sigmund Freud, Volume VIII (1905): Jokes and their Relation to the Unconscious. London: Hogarth Press, 1905.

FREUD, S. The Dynamics Of Transference (1912). In: The Standard Edition of the Complete Psychological Works of Sigmund Freud, Volume XII (1911-1913): The Case of Schreber, Papers on Technique and Other Works. London: Hogarth Press, 1912, p. 97-108.

FREUD, S. Remembering, repeating and working-through (further recommendations on the technique of psycho-analysis II) (1914). In: The Standard Edition of the Complete Psychological Works of Sigmund Freud, Volume XII (1911-1913): The Case of Schreber, Papers on Technique and Other Works. London: Hogarth Press, 1914, p. 145-156.

FREUD, S. Beyond the Pleasure Principle (1920). In: The Standard Edition of the Complete Psychological Works of Sigmund Freud, Volume XVIII (1920-1922): Beyond the Pleasure Principle, Group Psychology and Other Works. London: Hogarth Press, 1920, p. 7-64.

FREUD, S. The question of lay analysis (1926). In: The Standard Edition of the Complete Psychological Works of Sigmund Freud, Volume XX (1925-1926): An Autobiographical Study, Inhibitions, Symptoms and Anxiety, The Question of Lay Analysis and Other Works. London: Hogarth Press, 1926, p. 175-270.

FREUD, S. Moses and Monotheism: Three Essays (1939 [1934-38]). In: The Standard Edition of the Complete Psychological Works of Sigmund Freud, Volume XXIII (1937-1939): Moses and Monotheism, An Outline of Psycho-Analysis and Other Works. London: Hogarth Press, (1939[1934-38]), p. 1-140.

FREUD, S. An outline of psycho-analysis (1940 [1938]). The Standard Edition of the Complete Psychological Works of Sigmund Freud, Volume XXIII (1937-1939): Moses and Monotheism, An Outline of Psycho-Analysis and Other Works. London: Hogarth Press, (1940[1938]), p. 140-296.

FREUD, S. Gesammelte Werke (chronologisch geordnet) insgesamt XVIII Bände (tomos), I-XVIII. Frankfurt: Fischer Taschenbuch Verlag, 1999.

GREEN, A. ¿Una sesión interactiva? Revista de Psicoanálisis de la Asociación Psicoanalítica Argentina, Buenos Aires. n. 50, v. 4/5, 1993.

GREEN, A. La metapsicología revisitada. Buenos Aires: Eudeba, 1996.

GREEN, A. La representación y lo irrepresentable. Revista de Psicoanálisis de Asociación Psicoanalítica Argentina, Buenos Aires, n. 6, 1998-1999.

GREEN, A. ¿De que se trata? In: LERNER, H; STERNBACH, S (Orgs.) Organizaciones fronterizas, fronteras del psicoanálisis. Buenos Aires: Lugar Editorial, 2007, p. xx-xx.

GREEN, A. Repetition compulsion and the pleasure principle. Berlin IPA Congress, Special lecture, Berlin, Julio del 2007.

KRAKOV, H. Acerca de la noción de mudanza subjetiva. Exploración conceptual desde una metapsicología ampliada. Revista de la Asociación Argentina de Psicología y Psicoterapia de Grupo, Buenos Aires, v. XXI, n. 1, 2007.

KRAKOV, H. Estudio sobre el concepto de agieren. Revista de Psicoanálisis, Buenos Aires, n. 3, v. LXVII, 2010.

KRAKOV, H. Anclaje subjetivo en pacientes tratados psicoanalíticamente en pareja. Tesis doctoral. USAL. Buenos Aires, 2015.

KRAKOV, H. ¿De qué se trata? Una respuesta posible. Buenos Aires: Waldhuter Editores, 2018.

KRAKOV, H. Tramitar en acto y cambio psíquico. Revista Psicoanálisis, de la Asociación Psicoanalítica Colombiana, Bogotá, v. 31, n. 1, 2019.

KRAKOV, H. Alegato por un psicoanálisis que cure. Revista Psicoanálisis, de la Asociación Psicoanalítica Colombiana. Bogotá, v. 31, n. 2, 2020.

KRAKOV, H. Psicoterapia desde una perspectiva vincular. Diseño de una guía clínica. Buenos Aires: Ricardo Vergara Ediciones, 2020.

KRAKOV, H. Sobre la eficacia psicoanalítica. Psychoanalisis.today. Blog de la International Psychoanalitical Association. 2019. Disponível em: <https://www.psychoanalysis.today/en-GB/PT-Psychoanalytic-Reflections/On-Psychoanalytic-Efficacy.aspx>. Acesso em 11 fev. 2022.

LACAN, J. La angustia. Seminario 10. Buenos Aires: Paidós, 2006. 1962-1963

PAZ, C. A. Del Agieren al Enactment, un siglo de cambios y avances. Revista Psicoanálisis de la Asociación Psicoanalítica de Madrid, Madrid, n. 50, 2007.

SANCHEZ GRILLO, M. R. El enactment en el análisis de niños. Revista Psicoanálisis de APdeBA, Buenos Aires, v. XXVI, n. 2, 2004.

SAPISOCHIN, G. Variaciones post-freudianas del Agieren: sobre la escucha de lo puesto en acto. Revista Psicoanálisis de la Asociación Psicoanalítica de Madrid, Madrid, n. 50, 2007.